宋 劉敞 撰
崔敦禮
黄曙輝 點校

公是先生弟子記
芻言

華東師範大學出版社

圖書在版編目(CIP)數據

公是先生弟子記/(宋)劉敞著. 芻言/(宋)崔敦禮著
. —上海:華東師範大學出版社,2010.5
(歷代子家選刊)
ISBN 978-7-5617-7714-5

Ⅰ.①公… ②芻… Ⅱ.①劉… ②崔… Ⅲ.①哲學思想-中國-宋代 Ⅳ.①B244.99

中國版本圖書館 CIP 數據核字(2010)第082751號

歷代子家選刊
公是先生弟子記　芻言

著　　者　劉　敞　崔敦禮
點 校 者　黄曙輝
策劃編輯　王　焰
項目編輯　方學毅
裝幀設計　勞　韌

出版發行　華東師範大學出版社
社　　址　上海市中山北路3663號　郵編 200062
電話總機　021-62450163轉各部門　行政傳真　021-62572105
客服電話　021-62865537(兼傳真)
門市(郵購)電話　021-62869887
門市地址　上海市中山北路3663號華東師範大學校内先鋒路口
網　　址　www.ecnupress.com.cn

印 刷 者　杭州富陽永昌印刷有限公司
開　　本　850×1168　32開
印　　張　4.25
字　　數　60千字
版　　次　2010年8月第1版
印　　次　2010年8月第1次
印　　數　3000
書　　號　ISBN 978-7-5617-7714-5/B·563
定　　價　15.00元

出 版 人　朱傑人

整理弁言

《公是弟子記》四卷，此從《四庫提要》，《宋史・劉敞本傳》作五卷，《郡齋讀書志》《讀書附志》均作一卷。宋劉敞撰。敞字原父，世稱公是先生。慶曆進士，官吏部南曹、集賢院學士，判南京御史臺。原父爲北宋大儒，於書無不窺，歐陽修、曾鞏、王安石均一時挺然之秀，而咸心折於原父。原父文章雄深雅健，論者謂其神肖《春秋》公穀與大小《戴記》。《弟子記》者，記原父與門人問答論學之言，因文格古雅，《四庫提要》疑其托言弟子所記，實則出於自撰，所見甚諦。書中多記與當時聞人論辯，如與歐陽修論性善，卷四「永叔問曰人之性必善」條，卷四「永叔曰以人性爲善」條。按《宋元學案》卷四《廬陵學案》附《廬陵門人・侍讀劉公是先生敞》採此兩條。與王安石論情性五行太極，卷四「王安石曰性者太極也」條。與王回論舊史卷四「王回問曰堯名治水」條，同卷「深甫曰泰伯讓一國而曰讓天下」條，同卷「深甫曰無衣之詩」條。與楊慥論顏回不遷怒，卷四「楊慥問曰仲尼稱顏淵不遷怒」條。皆爲吾國思想史上之大問題。

《芻言》三卷，宋崔敦禮撰。敦禮家本河北，南渡後與弟敦詩同登紹興進士。官至諸王宫大小學教授。愛溧陽山水，買田築室居焉。是編宗旨，《芻言》卷首有夫子自道曰：「敦禮居山間，有書三卷，上卷言政，中卷言行，下卷言學，凡三百有五篇，言語簡樸，不知緣飾，其芻蕘之愚乎，乃命曰《芻言》。」今觀其書，可謂道家之醇者，文則規撫《吕覽》，在南宋獨成一子。

此次標點，《公是弟子記》據《知不足齋叢書》本，但依《四庫》本析爲四卷；《芻言》據《四庫》本。

目録

公是先生弟子記

公是先生弟子記卷一

劉子曰：「四十而仕，爲不惑也；五十而爵，爲知命也。不惑，然後可以爲士；知命，然後可以爲大夫。」

兼近四隅，不失其所者，中是也。并總萬物，不失其元者，一是也。明德制義，不失其方者，禮是也。禮者，道之中也。

教人以道云乎，豈曰教人以文云乎？道者，文之本也。循本以求末易，循末以求本難。今之所謂作者，筆墨焉爾，簡牘焉爾。

君子之謀也，盡下而用其所長，不以己奪人，故曰功成而已矣，事立而已矣。衆人盡其慮，而君子受其名。

道之勢似迂闊，道之文似詭僞，道之情似剛狷。勢無迂闊則鄙，文無詭僞則野，情無剛狷則蕩。

舜作《九招》，九招者九名也，予識其三焉。祈、徵、角之謂焉。

天可順而不可恃也，鬼神可敬而不可諂也。

廟中其至矣，百官備，萬物具，不言而事行，無爲而功立。

「齊一變至於魯，魯一變至於道」，《春秋》，變魯之實也。修己以安人。

治天下其猶作樂乎。作樂者備八音，八音不同物而同聲，同聲乃和。治天下者進賢能，賢能不同術而同治，同治乃平。是故樂之和，一物不得主焉；天下之平，一賢不能名焉。

「政莫美乎簡易，何爲而可？」曰：「繁矣而後求簡焉，難矣而後求易焉。簡之而簡者，繁不可如何矣。易之而易者，難不可如何矣。」

儒者之原，仁義也；樂工之本，律呂也。本律呂者衆，而知律呂者寡；原仁義者衆，而通仁義者寡。律呂之所以亂，淫聲亂之；仁義之所以毀，小道毀之。淫聲出乎律呂，而非所以正律呂也；小道生乎仁義，而非所以明仁義也。善治聲者擇乎律呂，善治道者擇乎仁義。

天下之道莫大乎學，莫貴乎學。夫學者匹夫也，而居聖人之業，可不謂大乎？匹夫也而言王者之事，可不謂貴乎？[一]

校 [一] 此條原連上，知不足齋本注：「疑是二段。」今析爲二條。

聖人辯必能窮萬物而不言，智必能兼萬物而不爲。不言者有所止之，不爲者有所因之。

君人議道，有司守法。君人議道，故議道者君人之德也；有司守法，故守法者有司之器也。

古所以治者，當其分也。古所以亂者，違其分也。當其分而勸，違其分而競。勸則事立，競則怨作。

「『《關雎》樂而不淫，哀而不傷』，何謂也？」曰：「德之至也。『窈窕淑女，琴瑟友之』，樂也，不淫其色。『悠哉悠哉，輾轉反側』，哀也，無傷善之心。此之謂也。」

古之教者言不足而徵，徵不足而諭，諭不足而類，類不足而辯。古之君子，言而已矣，辯其末也。

天有常運也，地有常勢也，人有常性也，物有常理也。是故天地始者由今日知之，萬世後者由今日知之。雖有至愚之人，而不疑於天，不惑於地，審必然也。審必然則不可敓以辭。不可敓以辭者，衆人皆然，而君子爲甚。是故聖賢之事出於上古者，雖甚遠必有以信之，雖甚幽必有以明之，雖甚繁必有以詔之，雖甚亂必有以治之。

書所以紀遠，而書未必盡信也，信有理；言所以交近，而言未必盡聽也，聽有理。故信理者不惑於書，聽理者不惑於言。不惑於書，可以爲師。不惑於言，可以爲友。

漢武帝好馬，而余吾、渥洼爲之出馬；葉公好龍，而龍亦下之。高宗好賢，恭默思道，夢帝賚以良弼。此皆可以謂篤好之矣。

杜厲叔事莒敖公，不見用，而死其難，曰：「吾以羞後世不知臣者。」狼瞫黜於晉，不肯爲亂，而死國事，亦以使上知也。

不肖之君諱言死亡。秦人不敢言死，衰宋之主怒言白也。

趙王殺其良將李牧，而作山木之謳；項羽既敗，悲歌慷慨，泣下沾衣；李斯就戮東市，嘻吁感動。使彼早自警，安有此患哉？

齊靈公淫於崔氏，崔氏殺之，將死，曰：「請自刃於廟。」楚成王求食熊蹯而死，趙武靈王、梁武帝探鳥鷇而食。胡亥曰：「願爲黔首。」皆不忍平居爲善，而希望須臾之生。

楚靈王聞諸公子被殺，自投車下，曰：「予殺人子多矣，能無及此乎？」商君設法殘民，及死之日，歎曰：「爲法之敝，一至此乎？」使此兩人幸而免，猶自以爲行之是也。楚莊王曰：「吾以不祥道民，則災及吾身。」

桀、紂可與爲善，哀、平不可與圖存。非桀、紂優也，時勢失也。

武王戎車三百兩，虎賁三百人，而誓司徒、司馬、司空，此三卿三軍也。諸侯以百乘爲軍，不以萬二千五百人爲軍，下天子也。以百乘爲軍者，一乘凡八十家，家出一人，其中步卒七十二人，甲士三人，其餘以爲厮役扈養者，凡一乘則一右，右皆虎賁勇士也。故武王戎車三百兩，則虎賁三百人。

漢武帝初好兵，事征伐，故衛青、霍去病、李廣、楊僕、諸酷吏皆爲用。及後悔之，封丞相爲富民侯，而搜粟都尉趙過、平都令光更以務農重穀進，天下亦翕然賴之。此一君之身終始相反如此，而隨其取捨，輒皆得人，外則伸威四海，内則安養百姓。世豈乏士哉，常患人主不求也。

禮不以近人爲達，樂不以易備爲樂，事不以便用爲利，味不以爽口爲美。行之似迂遠，作之似疎拙，居之似愚樸，安之似淡泊，化民成俗，俗既已成，偷僞者不能入。

物謂之命，生謂之性，道謂之情。情者聖人所貴也，《詩》《書》禮樂所由作也，仁義忠信所由顯也，五帝三王所以有其人民也。

忘情者自以爲達，悖情者自以爲難，直情者自以爲真。三者異趨同亂，不可以爲王伯之民。

哀公問弟子孰爲好學，孔子曰：「顏回。」季康子問弟子好學，子曰：「顏回。」好之者，樂之也。「十室之邑，必有忠信如丘者焉，不如丘之好學也。」此聖人之好學也。

齊桓欲用管仲，求之於魯。魯施父曰：「不如殺之。」衛鞅爲秦伐魏，破魏師，魏安釐王曰：「吾悔不用公叔痤之言以誅鞅也。」夫不忍克己爲德而謀害人之臣，猶竊鈴掩耳也。智至於自欺而已。

教民者禮樂爲急，非謂三王之禮、五帝之樂也，時禮時樂，禮諭其制，樂諭其功，百姓鼓之舞之而不敢叛焉。

教民以學，爲將行之也；試人以言，爲將用之也。是故學不可行者，君子弗取也；言不可用者，君子弗詢也。《書》曰：「無稽之言勿聽，弗詢之謀勿庸。」

智不求隱，辯不求給，名不求難，行不求異。推鬼神虛無，詭聽易視，乘人以缺，如此者執而殺之。

民難聚也而易散，難安也而易危。聚之有道，安之有術，不出於人情而已矣。

叔𣏌問曰：「《尚書》記人之功，忘人之過；《春秋》收毫毛之善，貶纖芥之惡，二者無異乎？」曰：「無異。」「何謂無異也？」曰：「忘其過不忘其惡，貶其惡無貶其過。」

仁義禮智信五者，伯王之器也，愛之而仁、利之而義、嚴之而禮、謀之而智、示之而信之謂伯。仁不待愛、義不待利、禮不待嚴、智不待謀、信不待示之謂王。王者率民以性者也，伯者動民以情者也。性者莫自知其然，情者如畏不可及。王者百年而立，百年而備，百年而裕，百年而衰，百年而踣，有過之矣。伯者十年而立，十年而備，十年而裕，十年而衰，十年而踣，有不及矣。

率人以教人，其政乃純；率神以事神，其鬼乃神。政之不純，教之過也；鬼之不神，事之過也。教人過於轂，事神過於瀆，民不見嚴而煩是褻，非瀆乎？古之事神者必有則弗徵，弗徵民弗信也；必無則弗畏，弗畏民弗從也。事神若疑，故筮則弗非，盟則弗叛，禱則壹，齋則潔，言則信，令則從，居則謹，行則順，郊則見帝，廟則見先王，奧則見主，而誰識思亂。〔一〕

校〔一〕知不足齋本下注云：「『教人過於轂』，『轂』字難解，『民不見嚴而煩是褻非瀆乎』句亦疑有遺漏。」

任天下之憂者，相天下者也。苦天下之重者，君天下者也。任天下之憂者，非憂敗也，言以己爲天下法。苦天下之重者，非實可苦也，言富貴之非己。伊尹非憂天下任天下之憂者也，故舉於畎畝而相湯；舜禹非樂天下苦天下之重者也，故受天下禪也。

「古之君子爲義於其學，爲功於其業。義非其學，雖刑不避。爲政者有以徇之，而勸事師也。功非其業，雖賞不就。爲政者有以置之，則勸事君也。事師貴一，事君貴一，一之外毋敢動其心。人人一以事師，人人一以事君，天下治矣。」「義非其學，雖刑不避者誰歟？」曰：「若齊景公、虞人，魏絳、欒氏之臣是也。」「功非其業，雖賞不就者誰歟？」曰：「若董安于、屠羊説者是也。」

五經者，五常也。《詩》者温厚，仁之質也。《書》者訓告，信之紀也。《易》者淵微，智之表也。《春秋》褒貶，義之符也。惟《禮》自名，其道專也。

利己者亡，利民者伯。能以美利利天下，不言所利者王。

君臨臣喪，以桃茢先，非古也，周之末造也。古者教民不倍死，臣已死，君不忍呼其名。

事師者北面，言臣之也。就養無方，死則爲三年之服，言子之也。故受道焉，不敢倍，倍之者君不以爲臣，士不以爲友。故善事其師者，必善事其親；善事其親者，必善事其君。故人君莫不欲其臣之善師也，故立師保之官；人父莫不欲其子之善師也，故易子而教。

孟子曰：「人之性善，人之性皆可以爲堯舜。」孟子可謂言過其實矣。人之性善，且有上有中有下。於上也又有上焉，於中也又有中焉，於下也又有下焉，九品也。故上者聖，中者君子，下者有常。不及乎聖而爲仁，不及乎君子而爲善，不及乎有常而爲齊民。故性不同也而善均，善不同也而性均，故人不可以爲堯舜，猶堯舜不可爲人也。壽莫如召公，不能至乎聖而止；夭莫如顏子，亦不能至乎聖而止。使召公而夭，使顏子而壽，其材亦若是而止矣。此性之不可過也。人何可爲堯舜哉？故開難到之期者，人不能信也；人不能信者，學不能益也。

古之教者，《詩》《書》《禮》《樂》。至仲尼益之以《易》《春秋》，《樂》自此没矣。《禮》者德行之本也，《詩》者言語之本也，《書》者文學之本也，《春秋》者政事之本也。此四本者，君子之所盡心也。

聚無功之人者，乏百姓之食也。地不加闢而賦粟倍，民不益進而廩餼廣，貧則不能富也，流則不能止也，殍則不能救也。此率人而使食人也，人相食則不祥莫大焉。

子曰：「參乎，吾道一以貫之。」曾子曰：「唯。」門人問曾子，曾子曰：「忠恕而已矣。」施之己曰忠，施之人曰恕。

聖人之功，與人同也。聖人之德，與人同也。聖人之性，不可及也。聖人之功，不過治人。聖人之德，不過治身。聖人之性，不行而至，不疾而速，惡可及哉？孔子曰：「十室之邑，必有忠信如丘者焉。」是故舉功德以言聖人者，其由不知聖人者也。

有材而不知道，材非其材也；有功而不知道，功非其功也。

古者祭蓋必有配，配必有尸。尸者人道也。非祭人則無尸。

天子七廟，二王後六廟，諸侯五廟，孤卿四廟，大夫三廟，上士二廟，官師一廟。故生異宫者祭異廟也。

「孔子曰：『無爲而治者，其舜也與？』如何斯可謂之『無爲』矣？」曰：「因堯之臣，襲堯之俗，用堯之政，斯孔子謂之『無爲』也。正朔無所改，制度無所變，教令無所易，恭己正南面而已矣。孔子曰：『巍巍乎舜禹之有天下也，而不與焉。』王者承極敝之後者則新之，改正朔以新其時也，異徽號服色以新其目也，殊聲音律呂之變以新其耳也，一制度法令以新其俗也，非所謂『無爲』也。孔子曰：『唐虞禪，夏后繼，湯武伐，其義一也。』[二]

不王不禘，非[一]諸侯不祫。祫及其壇墠。禘者禘其祖之所自出，以其祖配之而及其夾室。

校 [一]「非」字據四庫本補。

廟有二昭，漢之失禮也，古者一昭一穆。

非學之難，知所學之難也。非所學之難，知道之難也。非知道之難，知行道之難也。知所學者亦鮮矣，知道者吾未之見也。譬知道者其猶止水乎，止水能盡物之形，此之謂「一以貫之」。

商賈有千百之利則勸，農夫有終歲之食則勉，是其樂之者也。爲道者亦然。苟得其樂，終身不厭。苟爲不得，終身愁苦，亦勤之而已矣。如商賈之謀富，農夫之望歲，安有不及哉？《詩》曰：「如匪行邁謀，是用不得于道。」今之爲學者多若此，勿爲名則名隨之，勿爲利則利隨之，故學者去名利之心而已矣。

德之親民甚於子孫，子孫天性也，服有時而殺，廟有時而遷。至於德，或累十世，民悲思享嘗之。《詩》曰：「豈弟君子，胡不萬年。」

《賓之初筵》，飲酒之禮也。古者非祭祀不飲酒，不至於醉。《書》曰：「庶國飲惟祀，德將無醉。」

秦之亡不亦宜乎，多爲利者，大夫則君之，婦人則客之，以是教其民焉，民是以共利之。爲政者愼所以導民：導民於善，其報亦善；導民於惡，其報亦惡。《詩》曰：「爾之教矣，民胥效矣。」

莫之爲仁者而謂之不可爲，猶莫之行而忌遠也。熊蹯之美，不食則不知其美。知熊蹯之美者，必其食之者也。先王之禮，其猶熊蹯乎。

庶子爲後爲其母，不敢貳尊者也。庶祖母之喪三年，非禮也，吾未之聞也。

聖人之治天下，結之不以恩惠，威之不以刑罰。不爲而治者，民自治也。一曰宗族，二曰師友，三曰賓客，四曰祭祀，五曰喪紀。

所謂命者，道而已矣。生死貴賤貧富，道之制也，君子以爲命。所謂天者，人而已矣。人歸之則爲諸侯，諸侯歸之則爲天子，人之制也，非己制也，君子以爲天。知道者其知命也，知人者其知天也。

孫不後祖，故有嫡子無嫡孫。嫡孫者，繼嫡子者也。爲嫡子三年，爲嫡孫期，祖不以孫爲後也。祖不以孫爲後，孫亦不敢後祖也。然則孰後，後嫡子。嫡子死，有子則廟，廟則以昭穆治之；無子則不廟，不廟則不以昭穆治也。孫後祖者，惟始封君及始爲大夫之嫡子前死者，子未爲後，其孫代之，於是乎爲祖三年。後者，後宗廟也。庶子不爲長子三年，言不爲後也。禮曰：「祖卒然後爲祖後者服斬。」此之謂也。

公是先生弟子記卷二

或問曰：「太公治齊，尊賢而尚能，周公曰：『後世必有篡奪之臣。』周公治魯，尊尊而親親，太公曰：『後世寖弱矣。』若是乎聖賢之無益於治亂之數也？」曰：「否，此非聖賢之語也，致功兼并者文其過之言爾。齊不用太公之法，故齊奪；魯不用周公之政，故魯弱。尊賢尚能，非所以啟篡也。尊尊親親，非所以致弱也。齊桓公修太公之法而伯天下，魯僖公修周公之政，詩人頌之，以比三王。惡在其無益於治亂也？」

或曰：「人有言太公封於齊，五月而報政；伯禽封於魯，三年而報政。周公喟然歎曰：『嗚呼，魯後世其北面齊乎？夫政不簡不易，民不有近。平易近民，民則歸之。』信有諸乎？」曰：「否，此非周公之語，致功兼并者欲速之言耳。孔子曰：『無欲速，無見小利。』『欲速則不達，見小利則大事不成。』古之人豈不欲簡易哉？又惡欲速，速非所以簡易也。簡易者未嘗速也。民之爲道，信而後可使，富而後可教，安而後可保。此所以爲達也。三年之爲亟矣。齊先魯亡，何魯之北面哉？孔子曰：『齊一變至於魯，魯一變至於道。』」

「吳起可謂知戰矣，親與士卒最下者同其勞苦。」曰：「是何足以言知戰也？子見夫乞人乎，叫號偃仆乎康莊之間，其聲可哀也，不若是不足以濟其身。若乃家丈人者，五十可以衣絲，七十可以食肉，子孫者奉之爾。父母之仇不與共天下，兄弟之仇不與共國，非虛加之也，然後稱於人情。眂民如子者，民報之如父。眂民如弟者，民事之如兄，無所仇云爾，有則爭先致力焉。子弟豈待父兄與己均其苦，然後爲用哉？故用民者矯之以身，徇之以愛，濟之以術，苟一時之勝而已矣。惡可以久哉？《詩》曰：『服其命服，朱芾斯皇。八鸞鏘鏘。』道上不失度，下不失節也。『駕彼四牡，四牡騤騤。君子所依，小人所腓。』君子之所依，而小人以爲己腓，安在其毀上下之節哉？」

或曰：「仁者壽，顏淵何以不壽？」曰：「死生命也，非人之所益。」「然則『仁者壽』

非君子之言乎？」曰：「固君子之言也。所謂壽者，言無以增其年而已矣。通是道者，內自得於心，雖殤子猶彭祖也。有言彭祖而非壽者乎？」「請問『知者樂』。」曰：「通是道者，內則得於心，雖窮居猶南面也。烏有南面而非樂者乎？」「請問仁智動靜。」曰：「誠而明之，靜也；明而誠之，動也。」

孔子曰：「顏氏之子，其殆庶幾乎。不遷怒，不貳過。」

君子之事君也，諫不用則去。諫不用而去者，道也。先其未亂也，見亂而去，是逃也，死之可也。

君子之不去其君也，不忍也。何不忍也？曰不忍其君之無與爲善，曰庶幾乎若此哉。故不聽則諫不已。其有利之之心焉，是貪也，非不忍也。

子以四教：文行忠信。文所謂文學也，行所謂德行也。政事主忠，言語主信。

「君子之不言利也，惡其號也。曰利於己不可言也，利於國利於天下不言，不亦病乎？」曰：「天子之有天下，猶諸侯之有國。諸侯之有國，猶大夫之有家。大夫之有家，猶庶人之有室。大者治大，小者治小云爾，非異物也。利之天下則謂之公，利之家則謂之私。利之國則謂之廉，利之室則謂之貪。是亦不知類也。《詩》云：『爾之教矣，民胥效矣。』」

上之所貴，而下爲之，則善事上也。上之所貴，而下不爲之，則不善事上也。欲治民而責其善事上，非也。責其不善事上而惡其徼己於利，難矣。如惡之也，則莫若不言利。

君以人爲天，人以君爲天，天以人爲天。人之所歸，號之曰天與之；人之所去，號之曰天奪之，非君以人爲天歟？君安之則安，富之則富，生之則生，死之則死，非人以君爲天歟？世治，人曰天也；世亂，人曰天也，天非實治之也，天非實亂之也，有曰治有曰亂者，非天以人爲天歟？

君子畏幽則小人畏明，君子畏明則小人其無畏矣。《詩》云：「憯不畏明。」

性者受之天也，道者受之人也。受之天者，己雖欲易之，不能易也；受之人者，人雖欲易之，不能易也。魚不可使去淵，鳥不可使去林，天也。出處語默，隱顯之不齊，人也，有所受之矣。

言而無當，猶漏卮也，形具而已矣。

聖人無可無不可，賢人有可有不可，衆人適可適不可。聖人曰懷之，賢人曰擇之，衆人曰所遇而已矣。

誠於中者，其受言也不惑。不惑然後知言，知言然後知人。

權所以濟義也，非義無所用權。爲義者聽民，民之所徇，因以濟之。堯舜禪，湯武伐，義也。

人君誠有畏天之心，雖有災害不殘。及其無畏天之心，雖有災害殘矣。人君誠有恤民之心，雖有災害不畔。及其無恤民之心，雖無災害離矣。故天之所享誠也，民之所保誠也。誠之至，不言而喻，不施而惠，不禱祀而福，是以人道貴忠也。

「三王肉辟，有諸？」曰：「有之。」「不已慘乎？」曰：「秦漢則慘，三王則否。井田以均之，鄉黨以安之，學校以教之，示之以禮，動之以義，惠之以仁，奇衺之行無自習焉，荒鄙之聲無自聞焉，淫佻之色無自見焉，上下察矣，遠邇一矣，然而附于辟者，衆所棄也。奚其慘？非聖王不能用肉刑。秦漢之用肉刑，暴矣，慘其末乎。漢文之革，不亦宜乎。」

人胥知行之由足，不知行之由目；人胥知視之由目，不知視之由心；人胥知生之由食，不知生之由道。三者異類而同義。如使人之行者莫如足也，則瞽者曷爲有所不行也？如使人之視者莫如目也，則念者曷爲有所不見也？如使人之生者莫如食也，則不義之食曷爲有所不生也？生之依道，眎之依心，行之依目，此天理之自然者也。知行之待目而不知生之待道，則外其生於道矣。夫外其生於道者，生而不以道者也。生而不以道者，猶行而不用目，其不陷于坑谷者幸而已矣。

臨大事而不懼，守大節而不可奪，詖言不入，僞言不出，其惟知道者乎？

君子貴曲能有誠，曲能有誠者藝之上也，而況直而誠之、誠而明之者乎？

梓慶削木爲鐻，不敢以毁譽觸其心，不敢以爵賞攖其慮，七日鐻成而若神，梓慶可謂知用巧矣。有爲者亦然。今之懷道者，假譽於仁，邀賞於義，故弗成也。器而弗成，猶毁瓦也。

「事求可，功求成，何如？」曰：「不可。事求法，功求義。法而不可者有矣，義而不成者有矣，未有不法而可者也，未有不義而成者也。」

君子之道不出於中，中者所以并容也。賢者守焉，不肖者勉焉，并容所以爲大也。決絶之行，君子不爲。

「舜在深山之中，伊尹耕有莘之野，説築傅巖之野，亦憂天下乎？」曰：「不憂也。」「奚爲不憂？賢者之生於世也，世亂固坐而睎之乎？」曰：「天子憂天下，諸侯憂其國，大夫憂其政，士憂其職，庶人憂其業。天下已定矣，非其憂而憂之，亂也。天下固亂，而又亂之，是以使天下多事也。《詩》云：『職思其憂。』君子豈無所憂哉，亦思其職而已矣。」或問舜、伊尹、傅説之職。曰：「舜職其孝，伊尹職其耕，説職其築。」

或問：「孔席不煖，有諸？」曰：「有之矣。」「其皇皇也？」曰：「聖人以其皇皇爲道，衆人以其皇皇爲利。」或曰：「爲道固皇皇乎？」曰：「迎之致敬，則就之。言不行，諫不用，則去之，不皇皇何爲？」「佛肸以中牟畔，召孔子，孔子往，孔子不惡其畔歟？」曰：「惡之。」「惡之，曷爲往也？」曰：「人之於仁也，無必不爲。其於不仁也，亦無必爲。知賢而召之也，非知仁歟？知仁也，不足與爲善歟？知仁且爲善，畔可使復合，危可使復安，亂可使復平，亦何爲不往哉？」

或問：「君子疾沒世而名不稱，使傅說死於胥靡，未如名之何矣，亦疾之乎？」曰：「君子之名，有不幸而不稱，無幸而稱。小人之名，有幸而不稱，無不幸而稱。其疾之也在己，其稱之也在人。君子能知其必疾也，而不能知其必稱也，奚疾之哉？」

或問誠，曰：「誠者，成也，成物者也。不成物，非誠也。」「何謂物？」曰：「君子則德，小人則事。德莫若修，事莫若敏，二者其誠乎。」

揚子雲曰：「賢者爲人所不能爲。」揚子亦安知禮哉？夫賢者爲人所能爲而已矣。人所不能爲，賢者不爲也。

或問：「君子矯乎？」曰：「惟君子爲能矯。君子之矯，以爲義也。小人之矯，以爲利也。君子窮而益堅，小人達而亦僞。」

富而無以爲道也則辭富，貴而無以爲道也則辭貴，生而無以爲道則舍生。惟仁者能之。

或問：「伊尹比乎妺喜以滅夏，膠鬲比乎妲己以滅商，有諸？」曰：「否，此非智者之言也。桀爲無道，嬖妺喜而殺其良臣，棄先世之典而絶百姓之命，百姓弗堪，伊尹爲是相湯以滅夏，放桀于南巢。紂爲無道，嬖妲己，妲己之所悦而爵之，所惡而殘之，殺比干以遂其怒，百姓弗能忍，武王爲是伐紂而殺之。當是時，膠鬲諫而不入，使之問師期，期後，武王趨而救之，猶紂臣也。吾聞得天下者，得其民心者也，有天下者，不利天下者也。如湯武因人之孽以取其國，是利之也。何以爲湯武？鄭穆公將伐胡，則妻之，句踐有吴之怨，入西子焉。夫搆人於禍而後殘之，陷人於危而後幸之，此不仁者之所爲也，而謂湯武爲之乎？」

太上無文，其次有而不恃，其次恃之而治，其次治之而不足恃。

君子有四擇：擇術然後學之，擇師然後傳之，擇交然後親之，擇君然後事之。是以君子有終身之憂，無一朝之患也。

施而不報者，吾未之見也。廟堂之上，獻以爵，酬以觚，一獻而三酢，民猶以爲薄。故君不可以弗厚施也。

治國家天下者，去利之心而已矣。國君過市有罰，夫人過市有罰，命夫命婦過市有罰，徒過之而已矣，猶曰不可，況親利之者乎？

禁過於微則人樂遷善，防患於小則患遠矣。或曰：「禮，齒路馬有誅，以足蹴路馬芻有誅，不已亟乎？」曰：「是所謂遠其防者也。路馬者，君之路馬也，路馬之可敬，況其君乎？是以國家之敗，常必自其小者始焉。民無嚴君之心，則無爲貴禮矣。」

成民而後使之，則無怨民。教民而後用之，則無失人。

犬馬之勞不可棄也，厚之至也。

禮也者，大爲之，爲其小也；遠爲之，爲其近也；厚爲之，爲其薄也；深爲之，爲其淺也；謹爲之，爲其怠也，此之爲禮之情。知禮之情者，所以作禮也。

過而能知，知而能改，上也。過而不知，知而能改，次也。既不能知，又不能改，下也。

衡，平也，故準之。繩，直也，故度之。鏡，明也，故監之。君子成德，以待物至也，輕重出焉，曲直決焉，醜好分焉，誰能蔽之哉？

委巷之禮，小人悦之，君子恥行焉。先王之禮，君子悦之，小人恥行焉。《詩》云：「彼醉不臧，不醉反恥。」行不由先王之禮，猶醉也。惟君子能忍是恥也。《詩》云：「憂心悄悄，愠于羣小。」

吾乃今知禮之爲貴也，用於未亂而不用於已亂。臣弑其君，子弑其父，則揖遜爲之詬矣。

學所以爲己也，推而及人。仕所以爲人也，推而及己。推而及人，故不以人害己。推而及己，故不以己害人。

君子之得其時者，將以行其道也。道不行，猶爲不得時也。叔孫通制漢禮，得其時矣。君子恥之者，以道不得行也。

或曰：「子三年無改於父之道。若其不善也，亦無改乎？」曰：「否。改其惡無改其道。謂之道矣，若之何改之？三年不改焉，雖終身不改矣。」

「信善者毀譽不能惑也，毀譽不能惑也，則信善已乎？」曰：「未也，貧富不能易也。」「貧富不能易也，則信善已乎？」曰：「未也，貴賤不能動也。」「貴賤不能動也，則信善已乎？」曰：「未也，生死不能誘。生死不能誘，則幾於至矣，雖至乎至者蔑以加矣。」

「文王謂武王曰：『我百爾九十，吾與爾三焉。』聖人固能與人壽若此乎？」曰：「否，不然也。昔者武王既克商，有疾，諸大夫懼，請穆卜於先君。周公於是爲壇，請命於文王，卜之以三王之龜而吉。《書》曰：『王翌日乃瘳，復三年王乃崩。』世以爲文王與之也，是以傳於此言也。聖人不能以其壽與人也。」

士可使見義，不可使見利。民可使見德，不可使見刑。齊無知弒襄公，孟陽死于牀，石之紛如死于階下。崔氏弒莊公，莊公臣死者十人，晏子端委立于門外，莫之死，亦莫之亡。[一]

校[一] 此下知不足齋本按語云：「疑是二段，而語未竟。」按「士可使見義」至「不可使見刑」爲一段，下爲二段。

四民異業而莫不相悅者，職分均也。

制度不定，雖殫天下之富，其求不給。

富貴不可矜也，富貴而攻之者衆，以其可矜。譬如明珠，潛于千仞之淵，没人取之。

莫善乎性，人之學求盡其性也。學而不能盡其性有之矣，未有不學而能盡其性者也。性猶弓也，學猶力也，雖有千鈞之弓，引之弗滿，弗能貫也。豈弓力爲有不足哉，所以用之者不足也。

上之治下，職也；下之事上，亦職也。上不能治下則昏，下不能事上則亂。亂則喪身，昏則喪位，其事一也。

孔子之教人也猶量也。豆區釜鍾，因其能容，放乎足而止。

五帝之治，翼翼如也。三王之治，兢兢如也。危國者必自暇，亡國者必自佚。《詩》曰："「彼昏不知，一醉日富。」

違禍如水火，猶有及焉。去辱如溝隍，猶有隕焉。不早辨故也。無日不違，無日不去，則何悔吝之有？《詩》云：「不敢暴虎，不敢馮河。人知其一，莫知其他。」一近而他遠也。

世有道則其民質，其士貴，其鬼神。世無道則其民巧，其士賤，其鬼不神。

舜之受天下也禮辭，禹之受天下也固辭，益之受天下也終辭。非苟降殺也，時也。聖人從時。

進莫若讓，勇莫若義，貴莫若仁，富莫若廉。

民可刑也，而不可辱；可懼也，而不可怒；可親也，而不可怨。

或問：「公孫弘、兒寬以儒術飾吏事，何如？」曰：「巧矣。不有毀也，其能飾乎？」

或曰：「與其莫用飾，不亦近乎？」曰：「君子遠之爲道，小人近之爲利。苟可飾也，奚往而非義也？爲義而飾，民進於僞。僞實害德，百度昏矣。其有不恌乎？《詩》曰：『其維哲人，告之話言。順德之行，其維愚人。覆謂我僭，民各有心。』非德之順，而心是制。民各有心，何上之有。民之情也凌上，其性也好德。」

禘，帝也，不王不禘。虞夏禘黄帝，商周禘嚳，皆帝也。諸侯不敢祖天子，不敢祖天子，則亦不敢禘，故魯之禘非禮也。

公是先生弟子記卷三

或問鄉飲酒之禮。劉子曰：「所尚三，德也，年也，爵也，俎豆之事則人知之矣。」「敢問三者兼乎？」曰：「然。」「如何？」曰：「謀賓介於先生，尚德也；旅酬以齒，老者異秩，尚年也；大夫爲僎，坐于賓東，尚爵也。三者天下之達尊也。夫如是，故觀於鄉者，其一曰彼壯也而先老，何也？曰惟其德也。然後民退而修德。其二曰彼羸也而先富，何也？曰惟其長也。然後民退而事長。其三曰彼後入也而異席，何也？曰惟其貴也。然後民退而貴貴。故先王不賞而民勸，不令而民從，一事而三美備焉，其惟鄉飲酒乎。」

非聖主不能封建，非封建不能長世。

善於義之爲善也，雖不利于己，天下善之，己亦善之，而善安有不勸乎？惡於義之爲惡也，雖利於己，天下惡之，己亦惡之，而惡安有不懼乎？安民也，世祀也，養己也，君之不同也。安民者無危，世祀則有死矣，養己者亦未之常存。

不以仁而爲之，不以不仁而不爲，上也；以仁而爲之，以不仁而不爲，次也；不知仁而爲之仁，不知不仁而不爲不仁，下也。不以仁而爲之，不以不仁而不爲者，性也。未始入於非，以仁而爲之，以不仁而不爲者，智也。畏乎不仁，不知仁而爲之仁，不知不仁而不爲不仁者，出入也。有幸矣不知仁而爲之仁。亦有不知仁而不爲，不知不仁而不爲不仁。亦有不知不仁而爲之，不知仁而不爲。亦有知仁而不爲，不知不仁而爲之。亦有知不仁而爲之。

荀子不知性，揚子不知命，韓子不知道。荀子言聖人之性以惡，言聖人之道以僞，惡亂性，僞害道，荀子之言不可爲治。揚子《劇秦美新》，畏禍投閣，苟悦其生而不顧義。湯有夏臺，文王有羑里，周公奔楚，仲尼畏於匡，非其義，貴之不受；非其罪，虐之不辭。爲畏而投，與刑而死同；爲投而死，與刑而誅異。揚子之道不可以教。韓子言聖賢者時人之耳目，時人者聖賢之身。耳司聞而目司見，身然後安。聖賢汲汲憂天下之憂，明其義曰孔席不暇煖、墨突不得黔，數進不恥，數退不怒，不得出貴人之門爲懼，使天下學者矜於功名、進於勢利，墨道也。古者士脩其身，鄉里不知，朋友恥之；朝廷不用，有司恥之。君子之行不由於人之所可賤，是故不聘之女祭祀不爲主，不聘之士朝廷不爲用。韓子不知道，可爲具臣，不可爲大臣。

物莫靈於鑑，其守也一，其應也博，其居也以平。以平爲道者也。[一]

校[一]此條知不足齋本注：「靈元作粼，或改靈。按《列子》云：『其靜若鑑。』似當作『静』。」

《春秋》之誅也，先意而後事；其賞也，先事而後意。有其善無其功，君子不賞也，賞之弗信；有其惡無其志，君子不誅也，誅之不服。先意而後事，是以刑不濫；先事而後意，是以賞不僭。刑不濫，賞不僭，王道之盛也。

天之道有常，人之道無常。無常，所以應有常也。天之道無爲，人之道有爲。有爲，所以應無爲也。天之道不言，人之道有言。有言，所以應不言也。天之道無形，人之道有形。有形，所以應無形也。天之於人相反也，其相反猶有徇也，故聖人默而成之。既已有爲矣，而謂之無爲；既已有言矣，而謂之無言；既已有形矣，而謂之無形，是莊老也，非正名實之言也。

劉子謂楊異曰：「鼓舞鏗鏘，吾不知其異於樂也，然而知鼓舞鏗鏘而不知其義者，是制氏之樂也。折旋俯仰，吾不知其異於禮也，然而知折還俯仰而不知其理者，是徐氏之禮也。簡牘筆墨，吾不知其異於道也，然而知簡牘筆墨而不知其道者，是世俗之儒也。故君子務本。」

「史之諱國惡，非禮也。晉人殺靈公，董狐書之曰『趙盾弑君』，趙盾曰：『嗚呼，天乎，盾豈弑君者乎？』董狐曰：『趙穿弑君，而子不討，弑君者非子而誰？』仲尼曰：『董狐良史也，書法不隱。』故史之諱國惡非禮也。」曰：「然則《春秋》何以諱國惡，《春秋》不足法乎？」曰：「《春秋》至矣，史不足以當之。孔子曰：『其事齊桓、晉文，其文則史，其義則丘有罪焉。』故《春秋》至矣，史不足以當之。」

問瞽者之色，白曰皎然，黑曰黯然，青曰蒼然，丹曰赫然，黄曰煴然。問之其別，不知也。問聾者之音，宫曰温以厚，商曰廣以廉，角曰和以愉，徵曰清以辨，羽曰堅以微，問之其次，不知也。問衆人之道，仁曰博愛，義曰禁非，禮曰卑遜，智曰通物，信曰不欺，問之其用，不知也。然則瞽者能得五色之名，聾者能得五音之名，衆人能得五常之名，未足貴也。貴道者貴其施之而不悖，理之而皆得，言之而不惑也。非貴知其名也。

臨尸而不怍，則可以爲孝子矣。

天子之玉全，上公厖，侯伯瓚，子男將。貴者取純焉，賤者取駁焉。夫學亦猶是矣。全而純者玉也，次厖也，次瓚也，次將也，石爲下。

或問：「資於事父以事君，君之使臣，猶父之使子。父之使子，雖辱不辭，雖勞不怨。《詩》曰：『大夫不均，我從事獨賢。』然則詩人怨乎？」劉子曰：「父子性也，君臣義也；父子内也，君臣外也。詩人之怨，有使之然也。故事親有慕而無怨，事君有怨而無懟。」

聖人行而當理，非求當也，自當也。言而中律，非求中也，自中也。

或問吴充曰：「衛輒拒父則逆親，不拒則廢命，爲衛輒宜奈何？」吴充曰：「合國人而聽之。」楊緯以吴充之言問劉子，劉子曰：「否，以謂聽於國人則公矣。國人，君臣也；蒯聵，父子也。君臣主義，父子主親，義無廢命，親無絶屬。與國人慮兄弟，君天下不爲也。若之何與國人慮其親哉？且衛有君矣，國人不忘其君，輒忘其親乎？堯有天下讓之舜，舜有天下讓之禹。堯舜之有天下也，非無所命之也。已而遷焉，天下有非之者哉？」

或問：「《孟子》曰：『舜爲天下，臯陶爲士，瞽瞍殺人，則如之何？』孟子曰：『舜眎棄天下猶敝屣也，竊負而逃，遵海濱而處，終身訢焉，樂而忘天下。』」「故父子天性也。孟子可謂知舜矣。」

志近者聞遠則悲，志小者見大則疑。《詩》云：「憂心悄悄，愠于羣小。」逢不善之謂也。

知性者不可惑以善惡，知道者不可動以富貴，知命者不可貳以生死。

梁惠王問利國，孟子知其非問財利也，然而曰「王何必曰利」者，利不可爲號也。

齊威王問好樂，孟子知其非好先王之樂也，然而曰「王之好樂甚，則齊庶幾」者，樂可以爲名也。故號之不可傳者去之，名之不可教者正之，故兼愛、爲我、絶學、弃智之説，君子弗聽。

或曰：「臧堅勇乎廉矣。」劉子曰：「是安得爲勇且廉哉？彼喪其衆而不死，惑也；恥一言而死之，忿也。且堅者惑忘其死、忿忘其生者也。勇者忘其死乎，廉者忘其生乎？」

或曰：「儒者無益於勝敗之數，秦漢之勢，原憲、季次，無益也。」曰：「然。儒者無益於勝敗之數，勝敗故不及儒者之治矣。」[一]

校 [一] 此條下知不足齋本注：「此段未解，疑有脱誤。」

願大而不志於仁，亂也；好勝而不志於禮，賊也。

行斯政也，使天下之人服，是王者之政矣。出斯言也，使天下之學者悦，是聖人之言矣。故王者之政服人心，而聖人之言悦人性。政莫大於得人心，得人心者，非夫得衆人之心，得賢者之心也。民之於賢也，其動以爲法，其言以爲政，故賢者所就就之，所去去之，國未有不以是而存亡者也。武王曰：「予有亂臣十人，同心同德。」自古莫盛焉。武王之有天下、朝諸侯，猶反掌也。此之謂得人心。自信也，故能使人信己；自愛也，然後可以愛人。不自信，雖欲教人，不行；不自愛，雖欲愛人，僞矣。

或問克己復禮。曰：「賢者就之，不肖者勉之，克己矣。」「然則是仁矣乎？」曰：「純則仁，駁則否。一日克己復禮而求仁焉，天下孰能歸之。」

不仁者有三殆：富則見怨，貴則見嫉，有功則見疑。三者非人予也，自予也。

或曰：「黄帝堯舜垂衣裳而天下治，蓋取諸《乾》《坤》，何謂也？」曰：「無爲而已矣。天無爲，四時行焉；地無爲，百貨出焉；君無爲，百官治焉。何爲哉？」

爵可貴也，財可富也，賞可勸也，罰可威也，中人也。君子貴不待爵而重矣，富不待財而厚矣，善不待賞而勸矣，過不待罰而沮矣。然而貴貴焉，富富焉，賞賞焉，罰罰焉，中人之法也。若夫貴富賞罰，則非君子之事也。

苟可貴也，則可賤也；苟可富也，則可貧也。君子貴乎非貴，賤乎非賤，富乎非富，貧乎非貧者也。其動中禮，其静中仁，斯已矣。

貴不爲賤也，貴有道；富不爲貧也，富有禮。是王者之臣也。貴且爲賤也，術得行焉；富且爲貧也，政得治焉。是伯者之臣也。貴爲賤而已富，爲貧而已是，敝國之臣，必禍之勢也。

聖人有所不言而無不知也，賢人有所不言而亦有所不知，衆人有所不知而無不言。

所恥而不恥，愚也。非所恥而恥，惑也。

有仁心而不施之政焉，民不信也。有仁政而不施之法焉，後世弗徇也。故君子有其心，必見於其政；有其政，必著於其法。

或問：「百姓不親，五品不訓，不祥莫大焉。瞽瞍以殺舜爲事，象從而謀之，帝曾弗能禁乎？」劉子曰：「禁則誅，誅則傷孝子之心。聞屈子以伸父矣，未聞屈父以伸子也。《詩》云：『孝子不匱，永錫爾類。』」

聖人受命於天，賢人受命於聖人。故聖人之命亦天命也。子事親，臣事君，出於聖人者也。是以問聖人者，問其所爲，毋問其所以爲。問其所知，毋問其必不可知。子路是矣。子路問鬼，子曰：「未能事人，焉能事鬼？」又問死，子曰：「未知生，焉知死？」故聖人有所不言也，賢者有所不問也。聖人所不言而言之，雖辯弗聽；賢者所不問而問之，雖精弗復。

名者所爭也，過者所匿也，君子晦其名而衆不得蓋焉，明其過而世不得非焉。

或問仁人。曰：「仁人者，死生無變乎己，而況於富貴貧賤乎？」或曰：「若是，則莊老何足異？」曰：「莊老也過，仁人過乎哉？」

孔子曰：「顔氏之子，其殆庶幾乎。有不善，未嘗不知；知之，未嘗復行也。」

或曰：「仁義禮智，不若道之全。」劉子曰：「春夏秋冬，別於天者也，是以爲時；金木水火，別於地者也，是以爲用。使天不時，地不用，則無以知其大矣。所謂道者，固仁義禮智之名也。仁義禮智弗在焉，安用道？」

人無爲不祥也，而後受其祥。所謂不祥者，少陵長，不祥也；賤干貴，不祥也；愚蔽賢，不祥也；强駕弱，不祥也。少陵長，長亦或陵之；賤干貴，貴亦或干之；愚蔽賢，賢亦或蔽之；强駕弱，弱亦或駕之。其類還至也。今有變怪之物、鬼神之事，至於此，則人必以謂不祥且有禍矣，至於身不祥，則莫之能察者，不亦惑哉。

世之命仁也則愛而已矣，奚足焉？有所謂愛而不若其不愛，奚以爲仁哉？仁者人也，今指人之一體而言人，可乎？知一體之爲人，不知人之非一體也，何以異於知愛之爲仁，而不知仁之非愛也？孔子罕言仁。曰：「曷爲其罕言也？」曰：「不足言也。」「其不足言何也？」「仁者安之也，非强之也。知夫安之也，何言哉？孔子曰：『中人以下，不可以語上也。』」

畏之斯師之矣，樂之斯友之矣，是故師之者雖死不倍其道，誠以爲是也；友之者終身不貳其義，誠以爲當也。蹔而言道，必得輕焉；强而言道，必得争焉。輕争之人，不可以爲師。師無輕者也，師無争者也。

恃賞罰而爲國，不若其遺賞罰而不恃也。君君臣臣父父子子，苟爲厚於義而薄於利，賞罰無所用矣。夫賞也者，賢者所薄也，不得已而居之。罰也者，小人所薄也，不得已而用之。

劉子曰：「天地之神也，待人而成功，而況乎人之不及天地乎？」

遠於利，可謂士矣。遠於利，篤於學，可謂士君子矣。遠於利，篤於學，成於禮，可謂仁者矣。

人之性善而自以爲惡，人之情正而自以爲邪。非情無性，非性無善，性之與情，猶神之與形乎？今夫盲者不能別五色，聾者不能昭五聲，非無聰明也，形不使也。人之所以去善而爲不善者，亦若此矣。豈性不善哉，情不使也。因以爲性惡矣，是亦謂耳目非善也。夫盲者不夢盲而夢明，俄然覺則盲矣。聾者不夢聾而夢聰，俄然覺則聾矣。然則聰明非不存也，物有蔽焉耳。人之困於情，亦猶是也。

或曰：「治國以刑名，猶愈乎已。」劉子曰：「然。天下大治則無所用刑，上下分定則無所用名。刑名者亂之資也，小亂則解，大亂則駭。雖有刑名，亦不得施矣。夫懷之以仁義，道之以禮樂，迨其敝而後刑名繼之，變未窮也。」

劉子曰：「道之所以不明者三，智者損之以就功，賢者文之以便己，學者析之以遂名。故道之所以不明者三，非小人不肖之過也，凡在賢智而已矣。古之爲道者，大而不損，致而不文，玩而不析。」

有仕爲天下者，有仕爲國者，有仕爲家者。仕爲天下者，德合則見，不合則隱；仕爲國者，雖德未合，有禮則留，無禮則行；仕爲家者，不謀人之軍，不議人之國，寵則辭之，危則避之。是皆君子之義也。任輕而憂重，勢疎而慮密，其惟好亂之人乎。

劉子曰：「仕有三恥，相時而爲道者恥也，希俗而爲功者恥也，飾義而爲名者恥也。」

劉子曰：「道諛有三，飾人之意謂之鄉原，伺人之色謂之籧篨，服人之言謂之戚施。士不修其方而游富貴者，皆鄉原、籧篨、戚施之類也。」

鷦鴂，鳥之巧者也，而常以其巢覆其宗。鷦鴂之巧至於害而已矣。夫智不知擇安危之處，而美其宮室，則亦奚以異鷦鴂之巧哉？

劉子曰：「有命必有性，性者命之分也。有形必有情，情者形之動也。」

劉子曰：「凡學，志爲本，道次之，文次之。無其志，爲其道不立；無其道，爲其文不傳。」

或問明哲，劉子曰：「自知之謂明，知人之謂哲。」

劉子曰：「郊以歲始，褅以歲終。終始之義也。三代共之。」

劉子曰：「爲君有患，患不知人，不患無臣；爲臣有患，患不能治身，不患不能治民。故君必不知人然後無臣，臣必不能治身然後不能治民。知人有道也，無以名妨實；治身有道也，無以遠謀近。人自爲正而國治耳。」

劉子曰：「深於《易》者吉凶不待占矣。此之謂知微。」

劉子曰：「常事禮也，變事權也。堯禪舜，舜禪禹，湯伐桀，武王殺紂，伊尹放太甲，周公攝成王，權也。聖人仁人無所不用權，惟聖人仁人然後可以用權。」

爲人臣者不可以不自重也，食而廢事，君雖弗誅，則犬豕畜之。媚而廢節，君雖弗誅，則倡優畜之。妒而廢能，君雖弗誅，則婢妾畜之。巧而僥倖，君雖弗誅，則寇竊畜之。此四者，非君予其名也，自予之也。

或問：「子罕言利與命與仁，何也？」曰：「利非所以爲號也，命非所以明教也，仁非所以常道也。利爲號，必失所以利；命明教，必惑所以教；仁常道，必輕所以道。」自外至者無主不止，自内出者無匹不行。孔子曰：「可與言而不與言，失人。不可與言而與之言，失言。」「吾未見好仁者，惡不仁者，蓋有之矣，我未之見也。」〔一〕

校〔一〕知不足齋本此條下注：「文義不貫，疑是三段。」

功名之説立則道德微。古之君子，以道事上，以德畜下，勝國而非謀也，富國而非利也，齊衆而非刑也，克敵而非力也。凡在道德，是故奇變之巧，矯僞之行，君不以賞於朝，士不以教於國，史不以書於册。

君使臣，報也；臣事君，報也。君人報其德，臣人報其食。報也者，報其直者也。直者天下之公也。薄施而厚報之，君子不爲，工尹、商陽是也。厚施而薄報之，君子不可，豫讓是也。

射者勝而飲，慶也。下而飲，罰也。於飲酒而有恥焉，故刑可以不用也。

禮者，幣之質也。自我往者，緣其質以出其文；自外来者，緣其文以觀其質。

聖人之所言，吾有不達而無有非；聖人之所爲，吾有不知而無有疑。聖人受命於天，賢者受命於聖。

公是先生弟子記卷四

王回問曰：「堯命治水，四岳薦鯀，堯曰：『方命圮族。』然猶試之九年。若是乎聖人之不愛民也？」劉子曰：「否，奚謂此哉？堯將以盡民心者也。洪水方割，浩浩懷山襄陵。當是之時，民猶倒懸也，能釋是懸者，民之望之猶父母也。自四岳九牧、天下之人，以鯀爲能釋之，然而堯不用，則是奪之父母也。奪之父母而水不治，天下之怨非堯尚誰哉？」

聖人之政也，務盡於民心，而不以獨智知，不使己負疑於天下，爲天下而非己也，故賞而天下莫不從，罰而天下莫不服，愛民之至，孰大於是。

劉子曰：「聖人神也，神也者不見而形，不言而知，不行而速者也。」王回曰：「然則聖人不可及乎？」劉子曰：「否，其可及也者皆可及也，其不可及也者則不可及已。聖人之言，有不可以智知；聖人之爲，有不可以理推，是皆天也，獨聖人知天命之可以然、可以不然。」王回曰：「然則聖人不可知乎？」劉子曰：「否，其可知也者皆可知也，其不可知也者則不可知也已矣。其神也，其天也，吾不知其可知而知其不可知矣。」王回曰：「子之言聖人也太尊。」劉子曰：「然，衆人之言聖人也太卑。人有言曰琢圭玉可以爲日月之明，子必不信也。琢圭玉可以爲日月之形，子必信之矣。然則以圭玉爲日月之明，雖良工止焉；以圭玉爲日月之形，雖拙工勉矣。將卑日月以止良工乎，高日月以勉拙工乎？」

王安石曰：「性者太極也，情者五行也。五行生於太極，而後有利害。利害非所以言太極也。情生於性而後有善惡，善惡非所以言性也。謂性善惡者妄也。」劉子曰：「王子之言，其謂人無性焉可已。夫太極者，氣之先而無物之物者也，人之性亦無物之物乎？聖人之言人性也，固以有之爲言，豈無之爲言乎？是亂名者也。王子曰：『人之性無善惡之稱，彼善不善者情之成名也。』然則聖人無所言性可矣。《易》曰：『乾道變化，各正性命。』夫不以物爲無性、性爲無善，而以性爲善，或不得本者也。如物也而無性，性也而無善，則乾尚何化而化，尚何正之有？夫言性而明其無性者，不足以明性，而固惑於有性者也。說何以免此。王子曰：『情生於性，而有善惡焉，善惡乃非性也。』往應之曰：『雛生於卵，而有雌雄，然則雌雄生於卵之前乎，生於雛之後乎？雌雄生於卵，卵雖無雌雄之辨，不可謂卵無雌雄也。善生於性，性雖未有善之動，豈可謂性無善哉？彼卵而無雌雄，性乃可以無善矣。』」

歐陽永叔曰：「趙盾弑其君，加之弑乎，誠弑之乎？」劉子曰：「加之爾。」「何以加之也？」曰：「不知賊之爲誰，而不得討，可也；知賊之起也，而力不能討，可也；知賊矣，力足以討矣，緣其親與黨而免之，是以謂之弑君也。」曰：「今有殺人者，有司足以執之，而不執也，然則謂有司殺人，可乎？」曰：「否。不可。君固非人之此也。大臣之於其君，豈有司之於其人乎？君親之間，聖人加焉，後世猶亂，況勿加也。《書》曰：『議事以制。』此之謂也。」

或曰：「契生於娀簡狄，后稷生於姜嫄，詩人以爲天命之，何也？」曰：「王者之興固然。」「不已怪且神乎？」「古之有是多矣。惟不以怪而以爲理，是以聖人存之。」「可得聞乎？」曰：「王者之興也，其符絶人，其德絶人，其功絶人，三者參而王。有其德，無其符，無其功，不能以王，仲尼是也；有其德，有其功，無其符，不能以王，夏之益、商之伊尹、周之周公是也；有其符，有其德，有其功，然後王，夏商周漢[一]皆是也。故曰配天。」

校 [一] 知不足齋本注云：「『漢』字疑衍文。」

永叔問曰：「人之性必善，然則孔子謂『上智與下愚不移』，可乎？」劉子曰：「可。愚智，非善惡也，雖有下愚之人，不害於爲善。善者，親親尊尊而已矣。孔子謂子貢曰：『女與回也孰愈？』對曰：『賜也聞一以知二，回也聞一以知十。』然則其亦有聞十而知一、聞百而知一、聞千而知一者矣。愚智之不可移如此。」

深甫曰：「泰伯讓一國而曰讓天下，何也？」劉子曰：「惟至德者能以百里王天下，能以百里王天下者，雖未得天下，能以百里讓，是亦讓天下矣。讓者，推己之所能有而與人者也。非其有而居之謂之盜，非其有而與之謂之佻。」

劉子曰：「教者所以明民也，明民者其猶迷之有表乎。一則得，多則惑，天下之表亦衆矣，欲民之無惑難矣。」

劉子曰：「道廢則士之爲私議者衆，而後有楊墨；政亂則民之圖非福者衆，而後有佛老。庶之富之，教之節之，事非其方者恥之。子思不去其親，臣思不去其君，天下安有不治乎？」

人之議所親也則欺，所賢也則回，所貴也則隨。欺者私也，回者疑也，隨者畏也。君子雖私不欺，雖疑不回，雖畏不隨。故父兄之私，諱而已矣；聖賢之疑，辨而已矣；君上之畏，直而已矣。

學不能至於自足者，好爲人師。道不能至於自得者，急言天下之憂。

士未可言而言者，及其可言也，或不言矣。未可憂而憂者，及其可憂也，或不憂矣。有利之心存焉，君子不由也。

人自以爲忠者衆，而明於忠者寡。人自以爲仁者衆，而至於仁者寡。忠者以厚得之，用力爲下；仁者以静得之，愛利爲下。

君子有過而無罪，父子之親也，君臣之義也，朋友之交也，骨肉之愛也。君子過於厚，不過於薄。觀其過，可以知仁矣。

劉子曰：「天地之運，一動一静。四時寒暑，一進一退。萬物一生一死，一廢一起。帝王之功，一盛一衰。祅異變化，一出一没。此皆理之自然者也。惟聖人窮於理，理者微而著、隱而顯者也，猶羿之射也，在百步之外而不失秋毫，射之理先盡矣。」

「子貢曰：『夫子之文章，可得而聞也。夫子之言性與天道，不可得而聞也。』敢問其不可得聞何也？」曰：「神。神也者，不疾而速，不行而至者也。萬物之性，未嘗同，而聖人盡之，剛柔也，遲速也，淺深也，明晦也，燥濕也，應而不窮者也。物固未嘗無性，而性未必善也。人之性善矣，而未必能自知也。學者能自知矣，而未必能盡己也。君子能盡己矣，而未必能盡人也。人之與人，其類同，仁人能盡人矣，而未必能盡物也。故可以聞者言也，不可以聞者其所以言也。」

永叔曰：「以人性爲善，道不可廢；以人性爲惡，道不可廢；以人性爲善惡混，道不可廢；以人性爲上者善、下者惡、中者善惡混，道不可廢。然則學者雖毋言性，可也。」劉子曰：「仁義，性也；禮樂，情也。以人性爲仁義，猶以人情爲禮樂也。非人情無所作禮樂，非人性無所明仁義。性者仁義之本，情者禮樂之本也。聖人唯欲道之達於天下，是以貴本。今本在性而勿言，是欲導其流而塞其源，食其實而伐其根也。夫不以道之不明爲言，而以言之不及爲說，此不可以明道而惑於言道，不可以無言而迷於有言者也。」

劉子曰：「君子小人之恥過也同，欲善也同。君子恥過而改之，小人恥過而遂之。君子欲善而自反也，小人欲善而自欺也。其斯所以異乎？雖桀紂未嘗不自多以無過，未嘗不好人之謂己善也。吾以是驗之，君子小人之恥過也同，欲善也同，所以異者微耳。楊朱哭衢塗，曰：『此夫失一舉足而差以千里者與。』此之謂也。」

永叔曰：「老子貴無爲，然則極老子之無爲，且將大不爲國，小不爲家，開口而哺，仰人而食，安坐徒處而已矣。」劉子曰：「非也。貴無爲者，以其可以無不爲也。無不爲者，唯無爲獨也。此聖王之道，仁人之守，非老子之蔽。知老子之蔽者，其絶聖棄智、絶仁棄義、絶學棄禮，號不可以教者也。老子爲柱下史矣，未嘗以無爲廢其職。然則無爲非所以廢職也。舜耕而化，陶而化，漁而化，賈而化。知夫無爲也，故能屢化。不知夫無爲也，蹪於物久矣。」

劉子曰：「道莫大乎仁，仁莫要乎一。一者無不貫也，無不載也。一在内，萬在外，一之至，貴賤貧富壽夭生死，不見其異焉。進退取舍，動静語默，不見其二焉。事有制者也，禮有節者也，言有物者也，所以事者不出於制，所以禮者不出於節，所以言者不出於物。乘夫無心，以遊無欲，大矣。」

永叔曰：「何以謂復其見天地之心也？」劉子曰：「復者静，静者天地之性也。知静者，非静之至也，動而反於静也。性静者，静之至也，未嘗知静而爲萬物應，故曰天地之心也。」永叔曰：「人之生也，一生一死，一覺一寐，生動也，而死静，覺動也，而寐静，所謂静爲復者。然則天地之心死且寐也，人之復死且寐歟？」劉子曰：「非此之謂也。復静者，言得一也。得一者，純粹積於胸中，與物變化，而不以外傷内者也，非死且寐之謂也。有人於此，耳目聲色猶衆人也，形體動作猶衆人也，然而未嘗以外傷内，未嘗以内隨外，可以謂之動乎？然則復其見天地之心，可知也。」

或曰：「召公爲保，周公爲師，相成王爲左右，召公不悦。敢問召公之不悦，何也？」曰：「疑。」「其疑何也？」曰：「以周公爲不可復三公之列。夫既嘗南面而聽天下矣，復子明辟，又留而不去，潔於節者不爲。夫周公之意，以文武之道未之能大備，備之者己而已矣，是以北面就諸臣之位，蒯蒯如畏然，攝天子之位而不自以爲泰，反以三公處而不自以爲少，死則葬於成周。聖人之忠也。」「然則召公不知周公歟？」曰：「否。召公相成王，卜宅於洛，率諸侯以幣見，皆再拜稽首，曰旅王若公，曷爲其不知周公也？夫聖人神矣，必有疑而後辨，辨而後喻者，非召公不足以動百姓之疑而喻其義，則其疑也乃所以辨也，其不悦乃所以歡也。君子之爲，衆人固不知。」

劉子曰：「無强重任。强重任，非其力，必廢其任；無歆重名，歆重名，非其實，必毁其名。」

劉子曰：「山林之士重生，市井之庸輕生。役於名者勞生，得於德者安生。安生者，家之謂孝子也，國之謂忠臣也，戰之謂勇士也，教之謂賢師也，學之謂良友也。安生者非以生爲安者也，言達於性命。達於性命者，故能役於禮義，曲而中，肆而辨，死而不貳。」

待賞罰而爲治者，非正主也。挾非譽而爲義者，非德士也。

深甫曰：「《無衣》之詩，晉武公之詩也。晉武公兼有宗國，則君子曷爲美之？君子之道固兼其宗國乎？」劉子曰：「否，此之謂變風。變風者，變於正也。變之中有美，美之中有刺，取其一節，不兼其義。《谷風》曰：『采葑采菲，無以下體。』此之謂也。《無衣》之詩，其惠足以得民，其智足以使臣，其力足以兼國，然而不自安也，待天子之命然後安，是之取爾也。孔子曰：『齊桓公正而不譎。』非以其殺子糾、簒齊國爲正也，以尊天子也。」

劉子曰：「聖人之政，吾非得親見之也，而有禮存焉。聖人之言，吾非得親聞之也，而有道存焉。在於書者，一是一非，一僞一真，吾誰與信？然則吾且以禮觀政，以道觀言乎。」

三王之禮相變者，皆其可得而變者也。其不可得而變者猶若也。夏足鼓，商楹鼓，周縣鼓，謂之鼓之變可也，以爲變鼓矣，則吾未之見。

不言不爲者天也，言而不爲者君也，言且爲者臣也，不言而爲者民也。四者有職而爲爲下矣。

雖有聖人之性，顧而與衆同；雖有無爲之德，還事於事，是以知聖人者鮮矣。

楊慥問曰：「仲尼稱顏淵不遷怒，何謂也？」劉子曰：「中庸而已矣。衆人之怒也，出怒於怒，故怒也，是遷也已。顏子之怒也，出怒不怒，出怒不怒者，怒出於不怒者也。怒出於不怒者，有遷之者乎？仲尼言其一端爾。由是言之，謂之不遷怒也可，謂之不遷喜也可。」楊子曰：「何謂中庸？」曰：「中庸者，中用也。喜怒哀樂之未發謂之中，發而皆中節謂之和。此四物者，君子不能不由焉，然而中爲之本矣。」「有人也，喜之不喜，怒之不怒，若是可謂中庸乎？」曰：「未也。是其於智也達，於道也偏。偏則不偏，是其過之者也。」「然則喜之而喜，怒之而怒，喜怒不失其類，則可謂中庸乎？」曰：「未也。是其於名也察，於情也節，猶未免乎徇也，是之謂不及。」「然則奈何？」曰：「因於物，緣於理，彼其可喜也而喜之，彼其可怒也而怒之，其貌曲巧，其變曲當，物之制也，理之有也，而泊然無所於繫，是中庸矣。孔子曰：『中庸之爲德也，其至矣乎，民鮮久矣。』」

君子之道，致乎至有，曰不爲無，曰愈乎己。

矜小名以售大僞，飾小廉以釣大利者，惟鉅孱也。何謂鉅孱？鉅者齊之處士，孱者魏之處士。鉅以玉璧賂而顯，孱以金錢貨而用。以名處士則是，所以爲處士則非也。

原跋

公是祖居在新喻之荻斜，此書初未嘗有傳，乾道八年，謂客游豫章，九月十日，都運劉司業文潛見邀夜話，偶出此爲贈，蓋蜀中善本，得之甚珍，留寄旅舍。既而歸省復来，二十六日道過臨江，而使君江良中[一]叔源留飲富壽堂，因語及之，使君欣然即欲鋟版，且云：「去替雖近，亦當辦[二]此。」十月一日至新吴，即發篋封寄。輒題於後，庶他時知其来自司業劉公，而使君主張名教，不以秩滿行迫，而猶切切於斯也。郡人謝諤書。

校[一] 知不足齋本注：「良中疑是郎中。」

[二] 辦，原作「辨」，據四庫本改。

溥来臨江，乃先生鄉里。二年間訪求其遺文，而未能盡見。既將去此，乃得《公是弟子記》，觀其微言篤論，皆根柢孔孟而扶植名教，醇於荀揚遠甚，真有大功於聖門，遂併工刻之，以廣其傳。凡是正十有六字，其疑者闕之。乾道壬辰十月上澣三衢江溥書。

右《公是先生弟子記》，臨江劉子之遺書也。前太守江公既刋是本，不黯時在高安，得而讀之，疑其頗有闕誤。及到官，同年友先生之從曾孫靖之子和又言之，因取其家藏舊本校正，果有百餘字，而其從叔彭因椿復出一本，尤精且詳，子和本眎之尚多舛脱，如「叔贛問尚書記人之功」下脱五段，「梓慶削木爲鐻」至「不敢以爵賞攖其慮」下闕七段，文勢差錯，至不可讀。其他以二段爲一、一爲二者，不可概舉。蓋彭因本乃閣下善本，雖子和亦未之見故也。不黯既愛其精詳，且受二君之請，遂爲正其訛謬，增益其未備者，更版凡十有八，補字三百七十，列之郡齋，使學者得見全書，而二君獲補完先世遺文之力，豈不休哉。淳熙改元孟秋朔玉牒不黯書。

右劉原父先生所著，題曰「弟子記」者，殆託於及門所記録歟？按先生墓誌及《宋史》本傳俱云五卷，今本祇一卷，與晁公武《讀書志》合，當屬足本無疑也。是書一開于乾道，再版于淳熙，此承淳熙校本之舊，尤稱完善，雖輾轉傳鈔，不無小悮，要勝乾道初刻也。西江近刻劉子全書，獨遺此帙，因爲補刊以傳。乾隆乙未上巳長塘鮑廷博謹識。

公是先生弟子記附録

晁公武郡齋讀書志卷十儒家類衢本

《弟子記》一卷

右皇朝劉敞原父撰。記其門人答問之言。楊慥、王安石之徒書名，王深甫、歐陽永叔之徒書字。

趙希弁讀書附志卷上雜家類

《公是先生弟子記》一卷

右劉敞原父之説也。謝艮齋得之於劉司業焞[一]，以遺清江守江溥刻之。趙不黯以閣下本校正而識其後云：「如『叔貢問尚書記人之功』下闕五段，『梓慶削本爲鐻』至『不敢以爵賞攖其慮』下缺七段，文勢差錯，至不可讀。其他以二段爲一、一段爲二者皆正之。」

校[二]知不足齋本注：「博按：焞字文潛，蜀人，見范成大《吳船録》。」

四庫全書總目提要卷九十二儒家類

《公是先生弟子記》四卷

宋劉敞撰。敞有《春秋傳》，已著録。是編題曰「弟子記」者，蓋托言弟子之所記，而文格古雅，與敞所注《春秋》詞氣如出一手，似非其弟子所能。故晁公武《讀書志》以爲敞自記其問答之言，當必有據也。公武又稱，書中于王安石、楊慥之徒書名，王深甫、歐陽永叔之徒書字，以示褒貶。今考公武所説，亦大概以意推之。即如王回一人，論四岳薦鯀一條，論聖人一條，則書其名；論泰伯一條，論晉武公一條，則書其字。是于褒貶居何等乎？且其書固多攻王氏新學，而亦兼寓針砭元祐諸賢之意，故其言曰：「淫聲出乎律吕，而非所以正律吕也；小道生乎仁義，而非所以明仁義也。」又曰：「八音不同物而同聲，同聲乃和；賢能不同術而同治，同治乃平。」

又曰：「忘情者自以爲達，悖情者自以爲難，直情者自以爲真，三者異趨而同亂。」又曰：「學不可行者，君子不取也；言不可用者，君子弗詢也。」又曰：「智不求隱，辨不求給，名不求難，行不求异。」又曰：「無爲而治者，因堯之臣，襲堯之俗，用堯之政，斯孔子謂之無爲也。」又曰：「夫賢者爲人所能爲而已矣。人所不能爲，賢者不爲也。」又曰：「君子耻過而欲改之，小人耻過而欲遂之；君子欲善而自反，小人欲善而自欺。」又曰：「矜小名以售大僞，飾小廉以鈎大利者，惟鉅孱爾。」蓋是時三黨交訌，而敞獨蕭然于門户之外，故其言和平如是。至於稱老子之無爲，則爲安石之新法發；辨孟子之人皆可以爲堯舜，則爲安石之自命聖人發。其説稍激，則有爲言之者也。又王守仁謂「無善無惡者性之體，有善有惡者意之用」，明人斷斷辨正，稱爲衛道。今觀是書，乃知王安石先有是説，敞已辭而闢之。是其發明正學，又在程、朱之前。其或謂仁義禮智不若道之全一條，謂道固仁義禮智之名，仁義禮智弗在焉，安用道。亦預杜後來狂禪之弊，所見甚正。徒以獨抱遺經，淡于聲譽，未與伊、洛諸人傾意周旋，故講學家視爲異黨，抑之不稱耳。實則元豐、熙寧間卓然一醇儒也。其書宋時蜀中有刻版。乾道十年，豫章謝諤得之於劉文浚，付三衢江溥重刊。淳熙元年，趙不黯又於敞從曾孫子和及子和從叔椿家得二舊本，較正舛脱，就江本改刻十八頁，補三百七十字。此本即從不黯所刻抄出者，末有謂、溥、不黯三跋，證以《永樂大典》所引，一一符合，知爲原書，亦可謂罕覯之笈矣。敞墓志及《宋史》本傳俱稱《弟子記》五卷，《讀書志》則作一卷，蓋南宋之初已病其繁碎，合并爲一。今以篇頁稍多，釐爲四卷，以酌其中。又錢曾《讀書敏求記》載《極没要緊》一卷，注曰：「即劉原父弟子記也。」考浙江所進遺書有《極没要緊》一卷，亦題公是先生撰。其文皆采掇郭象《莊子注》語，似出依托，與此顯爲二書。今別存其目于道家中，庶真贋不相淆焉。

劉咸炘舊書別録卷五

公是集及弟子記

全榭山修補黄氏《宋元學案》，多取舊本附書者立爲專案，以示學之廣大，顧於北宋一巨儒而僅附之歐陽廬陵篇中，采掇其言，止論性一條而已，此大失也。是人爲誰？曰：公是先生劉敞原父。王梓材重修《學案》，則竟列爲歐陽門人，其言曰：「據黄涪翁《跋原父帖》，謂劉侍讀文忠公門人也。涪翁及見先生，此語當得其實。蓋先生之於廬陵，及門而未心折者耳。」不知古之稱門人者，非盡受業弟子，凡游於其門者皆可稱爲門人，猶之言門客耳。全、王二氏修《學案》，每以游於門、從游爲弟子之據，致李泰伯亦列於范高平門人，此附會不審之過也。實則原父《弟子記》於歐公稱永叔，凡傳記所在，其兄弟相與稱謂，皆儕等之詞，原父固治禮者，若嘗受業，焉得如是？且劉氏之學并不出於歐公，其時江西自有一派風氣，篤信古經，卑視漢、唐，自泰伯、原父、貢父、介甫、子固皆如是，歐公之學實無綱領宗主，但以文章爲世望，子固、介甫、二蘇皆其所誘掖，於文法或有所授，於學則不見其傳。二蘇、曾、王皆各有所安立，初不承歐陽，彼固執贄稱弟子者，尚猶如是，況於原父兄弟之本非弟子者乎？介甫深於經，子固則深於史，二劉兄弟則兼綜經、史，而貢父深於史，原父則深於經，其議論風旨朗然可見，較之王、曾，尤有條理統緒，貫串而疏通，是固江西一派之魁，不可忽也。原父之弟子無傳，惟多後進之友，王、曾外則爲江林復鄰幾、王回深父，王梓材以深父爲原父門人，亦不知何據。《弟子記》於深父亦稱字也。深父閩人，閩又有張宜，亦原父所重，曾爲輯其《書義》而序之，又集中又有《雜録》一篇，述孫牟、王令、常秩之行，此三人亦介甫、子固之友也。其師友淵原畧可見者如此。原父書自經説外，集今存五十卷，《弟子記》則全存，貢父集則議論最少，惟《壁記》數篇差見其考據耳。今論原父而以貢父文附注之。貢父敘原父集，稱其合衆美爲己用，超倫類而獨得，考百子之雜博，六經可折衷；極帝王之治，今日可案行。此雖不免稍夸，而原父之宗旨固可由此推見，徵之集、記而不謬者也。蓋原父之旨在於統一，論學則以古聖爲宗而兼容百家諸子之説，其長在於廣大，既廣大，則當趨於平易矣，乃其尊聖又不免於亢，此其不及陽明一派者也。論治則惟古制是信，而不取因時節流之説，其弊不免迂遠，既迂遠，則宜趨於詳整，乃其論治則歸於簡，此其異於刑名也。論史之文最少，然一及時變則識多不足，蓋長於横而短於縱，知一而未知變也。此其學之大畧也。《四庫提要》頗推許《弟子記》，然不知求其條貫，而稱其書爲多攻王氏新學，而亦兼寓鍼貶元祐諸賢之意，謂是時三黨交訌，而敞獨蕭然于門户之外，故其言和平如是，此尤可笑，原父卒於熙寧之初，介甫尚未得政，與同時諸人正相講習，未有異見，及乎元祐則原父歿已久矣。

論學之説莫善於《百工説》，謂諸子異術而同治，其分也乃由無聖人以合之，其論精詳，吾已鈔之《先河録》矣。《弟子記》亦曰：「君子之道不出於中，中者，所以并容也，并容，所以爲大也。决絶之行，君子不爲。」又曰：「夫學者匹夫也，而言王者之事。」又曰：「或問：『君子矯乎？』曰：『惟君子爲所矯。』」此皆精言也。推至於深則畧有見於大本。《弟子記》曰：「聖人辨能窮萬物而不言，智能兼萬物而不爲。不言者有所止之，不爲者有所因之。非知學之難，知道之難。知道者猶止水。」又曰：「聖人有所不言而無不知，賢人有所不言而亦有所知，衆人有所不知而無不言。」又曰：「道之所以不明者三，智者損之以就功，賢者文之以便己，學者私之以遂名。」又曰：「聖人無可無不可，賢人有可有不可，衆人適可適不可。」又曰：「仁莫貴乎一，一者無不貫也，無不載也。」又解「復見天地之心」謂：「復静非死寂，乃得一，而純粹積於胸中。」又曰：「喜之不喜，怒之不怒，於智也，達於道也。偏是，過之者也。喜怒不失其類，於名也，察於情也。節猶未免乎徇也，是之謂不及。因於物，緣於理，其可喜也而喜之，其可怒也而怒之，其見曲巧，其變曲當，物之制也，理之有也，而泊然無所於係，是中庸矣。」此皆頗深之論，然所謂一與中庸者究爲何物，何以致之，原父則未言也。《弟子記》有曰：「揚子雲曰：『賢者爲人所不能爲。』揚子亦安知禮哉？賢者爲人所能爲而已。人所不能爲，賢者不爲也。」此論是矣，然又曰：「聖人之言，有不可以智知；聖人之爲，有不可以理推。王回曰：『子之言聖人也太尊。』曰：『衆人之言聖人也太卑。』」此雖矯言，固非通論矣。蓋原父之於性本未明，集有《論性》一篇，《記》尤屢辨于孟、荀、楊、韓，皆非斥之。又駁王安石無善惡之説，又以孟子爲近，然實主九品之説。《弟子記》曰：「聖人之功德與人同而性不可及。」《論性》則曰：「聖人生而神。」惟其論性如此，故視聖人太尊，既不知性，焉能知命？《記》曰：「荀子不知性，揚子不知命。性者受之天，道者受之人。命者道而已，天者人而已。」其言模糊，絶類王安石，大體反似荀卿，蓋未嘗深究而惟執氣質以爲言者也。《提要》乃謂「觀是書，知王守仁無善無惡之説安石已先言，敞已辭而闢之，其發明正學又在程、朱之前」，此則紀氏不究性理而好排明儒之妄説也。

論治之説則《弟子記》曰：「治天下猶作樂，作樂備八音，八音不同物而同聲，同聲乃和。治天下者，進賢能，賢能不同術而同治，同治乃平。是故樂之和，一物不得主焉；天下之平，一賢不能主焉。」又曰：「古之所以治者，當其分也。」《雜説》一曰：「治天下者求之身而已，耳目口心手足，莫能易也，莫相德也，分定故也。治天下，使百官萬物如耳目口鼻。」此與其論學之説無異也。惟其主平，故尚賢；惟其主分，故亦用法。尚賢之説則《賢論》曰：「人君賢其身，不若使賢之爲賢；人臣賢其身，不若薦賢之爲賢。」《論治》曰：「天下之所以不治者，不好善而已。」貢父《好善優於天下論》同意用法之説則《弟子記》曰：「君議道，有司守法。」又曰：「制度不定，難殫天下之富，其求不給。」又曰：「禮者大爲之，爲其小也；遠爲之，爲其近也；厚爲之，爲其薄也；深爲之，爲其淺也；謹爲之，爲其怠也。此之爲禮之情。」又曰：「君子之道致乎至有，曰不爲無，曰愈于己。」《患盜論》謂「盜有源，須治其源」，亦此類也。惟其重制度賤苟安，故信古甚專，辨後世之疑古，以古道繩後世，《封建論》謂：「非聖主不能封建，非封建不能長世，封建主德，古之長世者封建之效，其權分於外，非封建之罪，後之短世者不封建之效，其威專於內，則非不封建之力。」《弟子記》曰：「聖人之治天下，結之不以恩惠，威之不以刑罰。一曰宗族，二曰師友，三曰賓客，四曰祭祀，五曰喪紀。」又《師以道得民論》謂師與君分治，不以師爲重，則民散而不可繫，是與無牧長宗主類也。舍九兩而任簿書，乃後世之弊。《仕者世禄論》謂四民世序其業，故有世禄，世禄謂世世有禄者，後世富貴排蹙貧賤，患之，則進疏遠以爲名，是兩者皆失。此皆得古制之精意。《賞罰論》明賞以春夏，刑以秋冬，非有怠緩之弊，賞罰本以勸善作恥，非止於其身。若以遲而怠，不如勿賞。賞罰速乃軍中之法，非常道，順天道乃王者率下之大綱。此亦似迂而實精。至於《絶地天通論》止以祭祀民職爲言，則拘於制度而淺矣。貢父亦有此篇，詞異義同。《鄭甫字敘》謂古之名非盡勸戒，《斁字序》謂字乃表德，名非表德，《處士號議》謂處士號爲非禮，《致仕義》譏當時之貪位，《與吴九論武學書》謂古無武學，武學乃示民以佻。皆以古道繩今者也。

夫既重制而賤苟安，信古則將不免于迂闊，詳瑣而不通人情，不因時變，乃原父則不然，蓋其講究於古制者甚深，乃反能歸於變化因時，簡易無爲，而通於人情。其簡單之説則《弟子記》曰：「道之勢似迂闊，道之文似詭僞，道之情似剛狷。勢無迂闊則鄙，文無詭僞則野，情無則狷則蕩。」又曰：「禮不以近人爲遠，樂不以易備爲樂，事不以便用爲利，味不以爽口爲美。行之似迂遠，作之似疏拙，居之似愚樸，安之似淡泊，化民成俗，俗既已成，偷僞者不能入。」又曰：「太上善文，其次有而不恃，其次恃之而治，其次治之而不足恃。」又曰：「朝中至矣，百官備，萬物具，不言而事行，無爲而功立。」又與永叔辨老子之無爲乃無不爲非廢職。又曰：「政莫美乎簡單。繁矣而後示簡焉，難矣而後求易焉。」《爲政篇》曰：「善爲政者，使人自養而非養人，使人自治而非治人。務養人者不足於養而離人，務治人者不足於治而罔人。士農工商，通功易事，足其父母妻子，推而及於其族其鄉其道路，人之情也，豈患不能養哉？患不使之養也。人自有師，家自有宗，故在上者不勞而治。」此論尤精，雖主制度而言，然可謂見先王之大體者矣。貢父《王天下説》謂：「王者賢君以德歸之，賢師以道歸之，蚩蚩之氓不知也。」義與此同。

變化之説則《論治篇》曰：「遺迹而因於時，忘言而徇於理，治之大方也。」《弟子記》曰：「教民者禮樂爲急，非謂三王之禮，五帝之樂也。」時禮時樂通情之説則《弟子記》曰：「道謂之情，忘情悖情直情，異趨同亂，不可以爲王伯之民。」又論王伯率民以性，動民以情，此二義實相連屬者也。

原父既知時矣，顧乃有未貫通者，其《三代同道論》力闢古説異道之非，謂俗變而道不變，忠、敬、文不相離；德達貴，爵公貴，親私貴，不能廢一；命、神、禮，三代同尊。其論至美，而概非舊説則泥，道雖不變，而俗不無偏重，所謂尊尚者有所矯也，正原父所謂「惟聖人能矯」也，而原父獨敝于是，此所謂執横之一而忽于縱之變者也。

原父以經學名，其於《易》有《外傳》，序言「著之空言，不如見之行事，故以人事附之象象爻詞」，此必可觀，惜其亡矣。《易本論》言象數則甚淺。其於《春秋》最深且詳，《弟子記》有云：「《春秋》至矣，史不足以當之。」此亦脱舊説之蔽。《畏天命論》謂聖人務知天命，乃反董仲舒之流而發。《贈江鄰幾序》謂爲《左氏》不如爲《春秋》，又《救日論》《城郢論》《非子産論》《叔輒論》皆説《春秋》者也。有曰：「事有同功而異情，同迹而異論」，是可爲尚論之法，其他則吾不知矣。

原父於禮亦深，如《士相見義》《公食大夫義》《致仕義》《投壺義》《四代養老論》《九臨臣喪辨》《奔喪義》《妾爲君之長子三年義》《爲人後議》《復讎議》《説大射三侯》《小功不税》貢父僅論出母繼母嫁母服，亦不免瑕瑜互見。《疑禮篇》有曰：「今之禮非醇經也，多六國秦漢之制。」此語甚卓。《師三年解》説伐鬼方三年克之，乃兼庶、富、教而言，非勞師久役。《五百篇》謂五百年生王乃法至五百年而當變，前之則未忘，過之則亟敝。此皆説經之善者。至於《弟子記》謂古之教者《詩》《書》《禮》《樂》，仲尼益以《易》《春秋》，《樂》自此没矣，《禮》者德行之本，《詩》者言語之本，《書》者文學之本，《春秋》者政事之本，又以文行忠信配四科，政事主忠，判爲三者非，則固不失之支離矣。

原父於史無著述，集中惟見其論古事者如《湯武論》，謂言非放弑者謬而止以公私爲解。《明舜篇》論瞽瞍弑人，不信孟子説。《舜死》謂舜卒蒼梧，乃恐天下不歸禹而預避之。皆曲説。然如《狂喬華士少正卯論》未必無其人，有其人，太公、孔子必不誅，《伊吕問》辨伊尹、太公非迕合，《弟子記》辨文王夢齡及伊尹比妹喜、膠鬲比妲己之説，皆得當。《啓疑篇》辨子貢游説事，因舉古事之傳聞疑似、因比興議論好奇過實而誤者凡六事，頗詳確，是考古之準也。

論政之説有《雜説》九首，備舉當時官民之惡俗，足爲論世之資，又主立官刑、教公族、任子、嚴進士之舉、守令久任，皆酌古宜時之論，《罷賢良議》亦然，《弟子記》與《送焦千之序》謂君子憂所當憂，不憂所不當憂，後世之亂在非所憂而憂，又《責和氏璧》《論歸》《説犬馬》皆臣道出處精論，較之介甫爲尤深矣。至其他格言精論則《齊不齊論》曰：「惟有德者能等貴賤，有禮者能同貧富，有道者能齊生死。」《弟子記》曰：「權，所以濟義也。非義，無所用權。」《弟子記》以仁智動静爲「自誠之明」「自明之誠」之異，《仁智動静論》申動静樂壽之義尤詳，亦其可取者。原父之文説禮者近《戴記》《公羊傳》，朱子言之矣，其論政奏議亦頗有似西漢者，《設侯公詞》尤似，《寓辨篇》則學《國策》。貢父文或較其兄爲整密，而意則或反支蔓焉。

留言

芻言卷上

敦禮居山間，有書三卷，上卷言政，中卷言行，下卷言學，凡三百有五篇，言語簡樸，不知緣飾，其芻蕘之愚乎，乃命曰《芻言》。

三皇之治，使民心朴，故結繩之政可行也。五帝之治，使民心一，故垂裳之化可成也。三王之治，使民心親，故年世之長可期也。三皇者，粹乎道者也。五帝者，粹乎德者也。三王者，粹乎仁義者也。駁於霸，雜於漢，虚誕於晋，浮靡於隋，其使民可知矣。

得民之勞者昌，得民之憂者康，得民之死者强。不有逸之，孰爲勞之？不有樂之，孰爲憂之？不有生之，孰爲死之？山雲草莽，水雲魚鱗。旱暵之雲烟火，涔潴之雲水波。出於此者，形於彼也。至於政之應亦然。善政之俗魚鳶，暴政之俗湯火。寬政之俗舒長，急政之俗短促。貪政之俗焦熬，惠政之俗繁惑。[一]公政之俗清明，偏政之俗闇曲，自然之象也。君子觀其俗，則其政可知矣。

校［一］四庫本注：「案惑字有訛，疑當作『盛』。」

受光於隙，照一隅。受光於牖，照北壁。受光於庭户，照滿室。受光於天下，照四方，無遺物。君子聽言，亦明之所入與？邇聽者，隙中之細者也。偏聽者，一牖之窺者也。正聽者，户庭之嚮也。建善旌，立箴木，百工諫，庶人謗，議天下之照也。所受小則所照者狹，所受大則所照者博，不得不擇矣。

天地不可課其生也，日月不可課其明也，雨露不可課其潤也，鬼神不可課其靈也，聖人之道不可課其功也。如日書焉，月攷焉，聖人必不得於最矣。

野之甿，有設祠以爲敬者，其象猛，椎牛擊豕，犬雞魚菽之薦，日至焉。吏以竭甿力，而奉無名之土木，可廢也。殊不知鬼猛其形，享吾民之酒牲；吏猛其氣，食吾民之膏髓。酒牲可繼也，膏髓不可復也。逐吏之猛，吾謂急於逐鬼之猛焉。

醫之活人，方也；殺人，亦方也。人君治天下，法也；亂天下，亦法也。方能治病，不能盡天下之病，遇病而不通於方，殺人矣。法能制變，不能盡天下之變，遇變而不通於法，亂天下矣。是故上醫無傳方，非無良方也，憂用方者也。聖人無定法，非無善法也，憂用法者也。九人履，其一跣焉，則跣者耻；九人跣，其一履焉，則履者不能爲俗。赭衣墨服，舜之刑寬矣，而民愈避。斷支體、殘肌膚，秦之法嚴矣，而民愈犯。民非畏寬而易嚴也，法寬則刑者少，刑者少，則民爲耻矣；法嚴則犯者多，犯者多，則民爲玩矣。舜之民，十人而九履者也；秦之民，十人而九跣者也。

天下無常治，非無常治也，無常時也。孰爲時？曰在國，其次在士，其次在民。善善而惡惡，進賢而退不肖。賞一出而天下以爲勸，罰一出而天下以爲沮。時在國者矣。周道衰，諸侯之論屈於游談。漢治廢，公卿之望輕於布衣。時在士者矣。一夫倒戈天下化，商而爲周。阡陌首難天下變，秦而成漢。時在民者矣。在國，立治之本也。在士，扶危之道也。在民，國非其國矣。危國若實，安國若虛，盛世若不足，衰世若有餘。危國若實，府庫溢也。安國若虛，損在上也。盛世若不足，民儉而重本也。衰世若有餘，俗偷而縱欲也。

節人食者，食愈美。戒人飲者，飲愈旨。禁民之欲者，錮其欲者也。約民之樂者，重其樂者也。君子不禁其欲而禁其所以欲，不約其樂而約其所以樂。上好利則下多盜矣，上好勇則下多殺矣，上好矜則下多鬬矣，上好辯則下多誕矣，上好智術則下多詐矣。本在上不在下，倡在君不在民。老子曰：「我無欲而民自朴，我好靜而民自正。」觀民之貧富，善惡有證矣。府庫溢則民貧，爵予輕則民貧，文物盛則民貧，技巧衆則民貧，禮法不立則民貧。無教則民惡，無信則民惡，政暴則民惡，吏姦則民惡，征斂困則民惡。君民之間至密也，不誠則踈；至易也，不誠則迂。行者思於途，居者夢於牀，慈母吟於巷，適子懷於荆。誠心守仁則民親於彼，誠心存義則民尊於彼。謂民爲踈者，私心間之也。謂民爲迂者，欺心蔽之也。尊卑殊，貴賤異，民至卑賤而不敢爭者也。尊逸而卑勞，貴榮而賤辱，民至勞辱而不敢怒者也。不敢爭則欲之至矣，不敢怒則怨之至矣。怨欲在心，如物之有毒，如蓬之藏火，亂之所蓄與？是故聖人之治不曰不争，不使敢欲，不曰不怒，不使可怨，禄不以功，爵不以德，啓民之欲者也。法禁煩，徭賦重，賈民之怨者也。

禾熟則獲，果熟則剥。禾未熟而登場，穡者播之矣。果未熟而登盤，食者吐之矣。是故治之固者，政之熟者也。俗之醇者，化之熟者也。功之成者，慮之熟者也。名之歸者，德之熟者也。政未熟於凝一，急求治者必亂也。化未熟於陶染，急變俗者必駭也。慮未熟於事幾，急圖功者必沮也。德未熟於安行，急知名者必辱也。自私者民公之，自公者民私之。公之者踈，私之者親。踈之者亡，親之者昌。財聚於辛，國并於秦，私其己者也。湯之禱，禹之胼胝，公其心者也。

周之時其節民有制乎。不蓄者祭無牲，不耕者祭無盛，不植者無椁，不蠶者不帛，不績者不衰。故無其業而爲其禮則僭。後世反此，不耕者美食，耕者不得甘其喉；不蠶者鮮衣，蠶者不得縫其膚；田廬不知薦陳之品、衾椁之具，而墮游末作，喪祭侈於公侯。吁，何憚而不爲末哉。不放古以制之，生人之衣食或幾乎絶矣。

禬于郊也，有司以告曰：「旱于某，澇于某，蝗于某，厲于某，則黜其方之神，不以祭。」斯唐虞黜陟之意也。四方之吏，有殘暴貪刻，使其民焦熬湯火，旱之烈者也。流亡破蕩，澇之大者也。椎剥肌髓，蝗之毒者也。户口雕耗，厲之酷者也。宜放禬之法曰：「旱于某，澇于某，蝗于某，厲于某，則黜其方之吏不以赦。」斯得矣。

善治天下，有争治，無争亂。争治，速治也；争亂，速亂也。朝者争名，市者争利，貴者争權，賤者争力，亂矣。名争求晦，利争受薄，位争處卑，事争就勞，治矣。人日争于亂之中而不知其亂也，聖人必抑之。人日争于治之中而不知其治也，聖人必激之。爵予公、名分辨之謂抑。晦斯光、薄斯豐、卑斯尊、勞斯安之謂激。

信在言前者，同言而民信之。誠在令外者，同令而民從之。賞而不誠，不勸也。刑而不誠，不戒也。政而不誠，不正也。教而不誠，不化也。

古之愛民也爲爲我，後之愛民者爲爲民。古之爲民也爲己憂，後之爲民者爲己德。沮邪曰忠，毀忠曰讒，忠則逆耳，讒則遜志，其始判然也。逆耳者疑訐，斯去之矣。遜志者疑善，斯進之矣。進之去之，而禍未見。讒日進焉，則以習於前而不疑也。讒習於進愈不靳，忠習於去愈不懼。久之遜志者當進，逆耳者當去云耳。吴之囂，秦之高，楚之尚、無極，習而不知也。

樂之用神矣乎。無故而使人喜，雖千金容不改。無故而使人怒，雖白刃色不變。動以金石，文以絲竹，無繫於休戚也。約之則民憂，易之則民樂，厲之則民剛，勁之則民肅。吁，其神乎。先王有政以正民，刑以齊民，禮以節民，可也。無樂以行焉，其或病在骨髓，雖有針灸湯藥，將安用之？

上好土木則山谷井陌矣，上好金珠則川澤鼎鑊矣，上好珍禽則原野狴犴矣，上好文繡則機杼桎梏矣。上取其絲，下致其綸。上取其綸，下致其綍。是故古之君有好猿而林殘，求珠而魚殫，亦趨好之過與？

天因春而生，非作好也。因秋而殺，非作惡也。其生之也無感，其殺之也無憾。明主之治，善者有賞而國無私焉，天之慶賞也。惡者有誅而君無與焉，天之誅戮也。賞者不昵德，誅者不挾怨，天之妙萬物也。夫是之謂天政。

媒妁譽人，非不美也，而人莫之德。取庸而强之飯，非不勤也，而人莫之惠。有所利而名仁者非仁也，有所要而稱義者非義也。慈父之愛子不可移於性，非爲報者也。聖王之養民不可改於心，非求用者也。是故至仁不爲恩，至義不爲功。至仁所施，不知親而親之。至義所加，不知尊而尊之。

非弓矢無以射，非法令無以國。人有憂射之不中者，曰是弓矢之過也。調弓矯矢而去愈遠矣。憂國之不治者，曰是法令之失也。變法更令而亂愈甚矣。是故弓矢中之具也，弓矢非所以中也。法令治之具也，法令非所以治也。

思治民，不可以不裕民；思裕民，不可以不節民；思節民，不可以不辨民；思辨民，不可以不定民。農定於耕則餘粟，商定於貨則餘財，百工定於藝則餘巧，士大夫定於職則餘力。有以變常而亂者矣，未有守常而不治者也。有以亂分而危者矣，未有分定而不寧者也。善爲國者榮其榮，辱其辱。不善爲國者榮其辱，辱其榮。五章之服，君子者寵焉，榮其榮也。赭黑之衣，小人者耻焉，辱其辱也。漢誅濫於名節，貫械腰斧質請罪者相屬，榮其辱矣。唐爵輕於胥皂，青朱金紫雜沓而無別，辱其榮者矣。

木之華者養其落者也，齒之盛者養其衰者也，國之治者養其亂者也。培根而去蠹，木之壽矣。清心而寡欲，人之壽矣。循道而救弊，國之壽矣。

爲其所好，輟其所惡，行其所樂，戒其所懼，有心所同然也。堯舜者，樂於仁者也。桀紂者，樂於暴者也。堯舜惡於仁，不爲仁矣；桀紂惡於暴，不爲暴矣。是故治國者樂其所以存，亂國者樂其所以亡。

避堯而洗耳，非舜而投淵，士之亢節也。聖人不以責人行。推處妖祥，達視千里，人之極智也，聖人不以責人術。山淵平，天地并，世之强辯也，聖人不以責人言。連機運開，陰閉幻錯，工之奇巧也，聖人不以責人藝。亢節者不可爲民化也，極智者不可爲民修也，强辯者不可爲民聽也，奇巧者不可爲民業也。跂之而易及也，慮之而易知也，言之而易行也，爲之而易能也，夫是之謂善俗。

能者有以位爲事，勇者有以位爲暴，仁者有以位爲患。位爲事則下無寧矣，位爲暴則下無全矣，位爲患則下忘分矣。是故用人之能貴乎静，用人之勇貴乎緩，用人之仁貴乎尊。

倕作弓，夷牟作矢〔一〕，而後羿名於射。奚仲作車，相士作乘馬，而造父名於御。爲之者不能用，用之者不必爲也。智者有謀，用之者明。材者有長，用之者能。自智者無明也，自材者無能也。是故藝之至，器用出於人。君之至，材智出於人。

校〔二〕四庫本注云：「案：夷牟，徐堅《初學記》引《世本》作『牟夷』，然《呂覽》及許慎《説文》亦作『夷牟』，今仍從原本書之。」

輜軿青紫所以餙喜也，斧質刀鋸所以飾怒也。謂賞必喜乎？欲殺之怨有不斬於封侯，賞非其喜矣。謂罰必怒乎？涕泣之哀有不貸於誅殛，罰非其怒矣。賞不以喜，賞之當乎喜；罰不以怒，罰之當乎怒。是故聖人在上，以賞罰立喜怒，不敢以喜怒立賞罰。

污樽抔飲，人苟利之，雖有盛禮，聖人不陳也。簣桴土鼓，人苟樂之，雖有備樂，聖人不作也。橧巢營窟，人苟安之，雖有棟宇，聖人不爲也。好至治者，招大亂者也。務窮利者，致大害者也。無亂而已，聖人不要其極也。無害而已，聖人不僥其功也。

民之禁十有二，商之禁十有二，賈之禁十有二，工之禁十有二。古也所以抑浮靡，通貨殖，便用物，厚衣食也。後之禁民者有矣，山澤江海有禁也，鹽鐵酒茗有禁也，布帛絲枲有禁也，關市河梁有禁也。古之禁，禁其害民者矣。後之禁，禁其養民者矣。古之民也足，後之民也困。宜哉。

名實之所在，人主不得而忽矣。德浮於名者，國之寶也。譽稱其實者，國之器也。名多而有餘，事舉而無當者，國之妖也。有國者，寶其寶，器其器，鋤其妖，而天下治矣。

客有一昔於驛[一]，驛吏伏謁聽役，若久所事者。客疑而詰之，吏曰：「今之仕者，皆驛也。吏何擇焉？且百里之地者，縣令之驛也。千里之境者，郡守之驛也。連城一道者，部刺史之驛也。席未暖而移，突未黔而歸。有能不及用，有智不及施。仕者何爲哉？驛者何爲哉？」䄍爲鼠迎猫，爲豕迎虎。迎猫可也，迎虎可乎？豕來食禾，虎來食人矣。農者哂曰：「食人可逃也，食禾不可活也。」然則食禾者猛於虎乎。鋤耰未幹，喉不得甘。新絲出盎，膚不得縫。未嘗稼穡者穀滿倉也，未嘗桑蠶者絲滿囊

也。噫，食其禾者不少矣。[二]

校[二]四庫本注：「案：一昔，一夜也。《列子》『昔昔』注訓爲『夜夜』。」

[三]「褙爲鼠迎猫」下似當爲另一條。

芻言卷中

尊義者尊君，親仁者親親。夫人致身於其君而忠衰於諫諍，尊君而不知義者也。竭力於其親而孝衰於諭道，親親而不知仁者也。義以事君而義尊乎君，斯尊君之至矣。仁以親親而仁親乎父，斯親親之至矣。知此理者，爲人臣則死於義，爲人子則死於仁。

儲粟以備饑，儲藥以防癘，仁之至也。欲救饑也，幸歲之荒；欲起死也，幸人之殃，則不仁之甚矣。是故濟危則知仁，排難則知義，國亂則知忠，六親不和則知孝。仁人不欲爲仁，欲爲仁者不仁也。義士不欲爲義，欲爲義者不義也。忠臣不欲爲忠，欲爲忠者不忠也。孝子不欲爲孝，欲爲孝者不孝也。

譽人而無要譽，毁人而無反毁，斯毁譽之當也。譽人而人亦譽之，則是自譽矣。毁人而人亦毁之，則是自毁矣。自譽，仁之賊也；自毁，義之賊也。

甲氏乙氏耕，甲氏連阡陌不力種，終歲不粒食。乙氏無置錐，盜人之田而耕之，享千鐘。二氏交相笑，未知孰非也。有昧昧而居者曰：「仁者有夭焉，不仁者有考焉，人何爲哉？」有昭昭而行者曰：「得者吾巧也，至者吾力也，天何爲哉？」是則甲氏之不力種，昧昧之徒與。乙氏之陷爲盜，昭昭之徒與。

鷦巧而危，雛拙而安。[一] 巧不足則鷦脱其危矣，拙不足則雛失其安矣。是故智不欲有餘，愚不欲不足。智不足者，厭事者也，守常者也，畏行險者也。愚不足者，無能而强爲有能者也，無用而强爲有用者也，無知而强爲有知者也。智不足，可以免過。愚不足，乃至於失寧。

校 [一] 四庫本注：「案：雛疑作『鳩』。」

振貧不已至於盜粟，逐狂不已至於倮走，讀律不已至於竊簡，學禮不已至於蹲踞。

是故君子之爲善，貴乎有止也。爲仁止於愛，爲義止於宜，爲禮止於敬，爲智止於知。愛而不止，不仁矣；宜而不止，不義矣；敬而不止，不禮矣；知而不止，不智矣。

聖人之道猶平川坦途乎。由仁而仁，由義而義，惟所行焉。初無風波之虞，荆棘之患也。貪者行險，奸者由徑，惑者多岐，愚者索途，哀哉。

灼龜文，揲蓍策，可以知來，物其必然矣。誠則應，不誠則遺。誠則中，不誠則否。是則龜不自靈，因誠而靈者也。蓍不自神，因誠而神者也。心苟誠焉，目視耳聽，推度考察，無所不驗。是故季札卜以樂，趙孟卜以詩，襄仲歸父卜以言，沈尹戍卜以政，孔成子卜以禮，其應也如響。斯誠卜之道與。

草木之長，不見其有予而日修。礲礷之砥，不見其所奪而日薄。爲善之益，無助長之功。爲不善之損，無傷手之迹。謂其爲無所予而不爲也，謂其爲無所奪而不畏也，哀哉。

敬者不觀其羣，觀其獨也。懼者不觀其危，觀其安也。勇者不觀其躁，觀其靜也。勤者不觀其始，觀其終也。羣焉而敬者其文也，危焉而懼者其勢也，躁焉而勇者其暴也，始焉而勤者其鋭也。觀者其審諸。

君仁臣忠，父慈子孝，兄友弟悌，此六者天下之大順也。善仁者不泄，全其忠也。善慈者不狎，全其孝也。善友者不昵，全其悌也。

「君子之道何如則可以常矣？」曰：「去四過，取四本，則可以常矣。」「何謂四過？」曰：「勇過於仁謂之暴，言過於行謂之妄，譽過於實謂之妖，材過於德謂之奸。」「四本？」曰：「本仁以見勇，本行以出言，本實以居譽，本德以用材。」

勇懦非異力也，愚智非異識也，巧拙非異功也。萬夫之氣有怯於一士之激，千慮之計有劣於一慮之得，百藝之能有粗於一技之習。懦者能奮，與勇者同力也。愚者能慮，與智者同識也。拙者能勉，與巧者同功也。

范氏之鐘，有竊而逃者，鎗然有聲。懼人聞之也，自掩其耳。人有行小人之行而謂人之不見也，道小人之言而謂人之不聞也。姦者文其辭，詐者匿其迹，貪者退其容，荏者厲其色。以己之昧昧，謂人之惑惑。吁，亦掩耳之徒與。

諫之名有五：假物而諭之謂諷，因其善而導之之謂順，有犯無隱之謂直，正議直陳、抵忌諱不避之謂指，忘軀徇忠、不顧鼎鑊之謂戇，此五者諫之大要也。類而求之，則亦多術矣。縫闕失者其辭微，辯利害者其辭博，責君之難者其辭高，拂其違者其辭矯，憂國切者其辭危，慮患豫者其辭遠。介人之辭約，質人之辭拙，踈淺之人其辭狂，疾人之佞者其辭譥，其言誇者其志卑，其言危者其心安，諛順之言其情險，强而笑者其怒深。默者多明，辯者多傾。聽者其審諸。

福者禍之先也，利者害之始也，恩者怨之媒也，譽者毀之招也。君子不要福，故無禍矣。不求利，故無害矣。不廣恩，故無怨矣。不敢譽，故無毀矣。

巉岏之山，草木枯焉，有一石之奇。奇乎？濁黑之溪，泥淖汩焉，有一勺之清。清乎？曰：奇，吾見一石矣，未見其山也。清，吾見一勺矣，未見其水也。高明秀麗，山之全也。汪洋澄深，水之全也。觀人者譬諸觀山及水，如不全，巉岏濁黑，烏乎取？

莫易於爲善，莫難於爲不善。敬君臣，篤父子，睦兄弟，信朋友，善也，至易者也。駕浮僞，飾姦詭，造牒崄，作機巧，不善也，至難者也。難則勞，易則佚，難則憂，易則樂。君子者，佚樂而爲君子者也。小人者，憂勞而成小人者也。舍易而難，舍佚而勞，舍樂而憂，愚矣哉。

或問：「大愚曰小智，大拙曰小巧。然則智愚乎？」曰：「小智所以愚也。」「巧拙乎？」

曰：「小巧所以拙也。」

途之里有限也，疲者賒焉，壯者邇焉。夜之刻有度也，愁者修焉，勞者短焉。是故一人也毀譽半焉，一事也可否並焉，一物也美惡萃焉，一言也疑信殊焉。力不同者不勝其異勢也，心不同者不勝其異見也。噫，是果有異乎哉。

好賢者輕譽，好仁者輕予，好義者輕許，輕譽者失實，輕予者失恩，輕許者失言。君子重於譽若重於毀，斯得賢矣。重於予若重於取，斯得仁矣。重於許若重於否，斯得義矣。

牛之寢齕，蚊虻撓之，摇耳鼓尾以揮其去。有甘口鼠者食其角，貫心徹骨而不知。非蚊虻之噆毒於鼠之牙也，以其口甘，故雖嚙盡而不痛也。是故睚眦者不足慮，悲歌之怨可憂也。撫劍者不足畏，含笑之忿可懼也。謗詈者不足虞，嚬蹙之誹可防也。

王陽不敢乘險，將以爲孝也，故甘於不忠，不忠之謂姦。周處辭親事君，將以爲忠也，故甘於不孝，不孝之謂逆。楊穆知其弟終敗，與之别族，將以爲知也，故甘於不友，不友之謂賊。羊續閉郡舍，不納其妻，將以爲廉也，故甘於不義，不義之謂忍。奸逆賊忍，惡之大者也。有是四惡而曰吾爲善，吾不信也。

涉川者有風波之虞，行徑者有荆棘之患。遭其患者未起，繼其踵者不已。利於川者玩於川，便其徑者樂於徑也。然則風波者以爲平陸乎，荆棘者以爲坦途乎？有騎於途者，嵚巇屹嵲，岌乎其若墜也，終日行之，不見有蹎噛之變。康莊平陸，緩轡而周旋，若足以逸矣，忽焉弛銜，墮策顛覆而莫之救。吁，險途易於危途也哉。

君子施亦仁，不施亦仁。小人施亦不仁，不施亦不仁。君子施則和而理，不施則静而敬。施則文而通，不施則約而修。小人施則矜而倨，不施則怨而險。施則慢而暴，不施則挫而懾。君子者喻於仁者也，小人者喻於不仁者也。

或問：「君子之道有屈信乎？」曰：「信也，焉得屈？」曰：「孔孟之窮，荀况之廢，揚雄之貧，王通之居汾，韓愈之投荒，惡乎信？」曰：「其位則屈，其道則信。」「請問道。」曰：「夫子信於六經，軻信於七篇，况信於《新書》，[一]雄信於《法言》《太玄》，通信於《中説》，愈信於《原道》《論佛骨表》，雖萬世不泯也。其信也孰御焉？」

校 [一] 四庫本注：「案：《新書》乃賈誼所作，此云荀况，疑誤。」

君子柔順者，同物者也。剛强者，立己者也。是人者，樂善者也。非人者，疾惡者也。言己之美者，自信者也。小人柔順者，諂諛者也。剛强者，驕暴者也。是人者，比周者也。非人者，讒毀者也。言己之美者，誇誕者也。心乎君子，一於君子矣；心乎小人，一於小人矣，是君子、小人之明分也。再實之木根必傷，掘藏之家必有殃。非其利者勿有也，非其事者勿就也，非其功者勿居也，無故而有顯名勿受也。有人之利者害，就人之事者敗，居人之功者危，受人之顯名者辱。此四者，不祥之大者也。

守義者以身，守身者以義。守義而不以身，奪其義矣。守身而不以義，辱其身矣。奪其義者道之賊，辱其身者世之僇也。

古之隱也，將以爲止也。今之隱也，將以爲仕也。古之儉也，將以爲廉也。今之儉也，將以爲貪也。古之禮也，將以爲遜也。今之禮也，將以爲争也。

樂者其形和，怒者其形剛，懼者其形柔，憂者其形蹙。心之所變，形之所從也，是故寵辱重矣。正色化爲婉媚，勢利勝矣。强項化爲傴僂，忌諱嚴矣。利口化爲喑啞，猜防深矣。智慧化爲狂愚，心無所不變，形無所不化。吁，心化之漸，其得不畏哉。

知我而是之者吾是矣，知我而非之者吾非矣。不知而是之雖美吾愧，不知而非之雖惡吾省。是故聞譽而説謂之躁，聞毁而怒謂之暴。

因危而言敬，因厄而言分，因不知而言默，因不好而言廉，君子不爲也。射者端，釣者恭，事使之然耳。登高者望，臨深者窺，勢使之然耳。

才而無德謂之姦，勇而無德謂之暴，辯而無德謂之誕，智而無德謂之譎，才而德者賢也，勇而德者義也，辯而德者信也，智而德者哲也。

至恭不勞，至哀不作，至儉不陋。便辟僂傴不足以爲恭也，長號流涕不足以爲哀也，弊衣糲食不足以爲儉也。山生金，自刻也。木生蠹，自食也。敗於功者，貪功者也。死於利者，窮利者也。罹於法者，深法者也。墮於謀者，好謀者也。是故蓄人者自蓄而已，賊人者自賊而已。君子者功不欲盈，利不欲精，法不欲密，謀不欲傾，以智者之事行。

海之鰂，其出遊也，吐墨以芘其身，自以爲智矣。漁人將設羅，非其墨不得也。是故設機以拒禍者，禍之標的也。任數以防亂者，亂之藪澤也。扃鐍固而盜賊至焉，權量作而鬭争興焉，革堅而兵刃利焉，城成而沖筏生焉。[一]智不可以勝姦也，勇不可以禦暴也，辯不可以釋誹也，險不可以避患也。

校［一］四庫本注：「案：筏疑作『梯』。」

芻言卷下

蠹魚之害於書，拂而除之，惟恐不至也。有笑而言曰：「書奚惡於蠹哉？夫九師，《易》之蠹也。二戴，《禮》之蠹也。三傳者，《春秋》之蠹也。孔氏、劉氏者，《書》之蠹也。毛韓齊魯者，《詩》之蠹也。蟲魚之蠹，蠹其書者也。諸子百家之蠹，蠹其道者也。蠹其書者，編簡殘闕。蠹其道者，生人喋血。」

載哀者聞歌聲而泣，載樂者聞哭聲而笑。歌非可哀也，哭非可樂也，載使之然也。是故喜怒無常心，好惡無定形。載於譽者至惡有所喜，載於讒者至善有所怒。載於愛者至醜有所好，載於忌者至美有所惡。大人者，虛其中，實其外，含其光，徹其昧，是之謂去載。

聖人之文其道全，學者之文其義全，材士之文其詞全。道全者人化之，義全者人信之，詞全者人悦之。是故修詞而可説者，義之末也。明義以求信者，道之衰也。聖人者其猶天地乎。天之道粲爲日月星辰，而四時行焉。地之道陳爲山川丘陵，而百物生焉。聖人之文，道化焉而已矣。

魚無耳而能聽，蟬無口而能鳴，蛇無足而能行，兔絲無根而能生。其能者天，其無者人。其能者性，其無者形。達此理者肢體可以墮，形骸可以忘。目可不視而見，耳可不聽而聰，口可不言而信，行可不爲而功。

工求其工，學者亦求其工乎？曰：雕鏤刳劂，木之病也。纖織組麗，絲之蠹也。穿鑿破碎，道術之衰也。鉤棘排偶，文章之弊也。工乎工乎，吾見拙者笑之矣。

仁，木也。禮，火也。信，土也。義，金也。智，水也。仁以長人故生禮，禮以定分故生信，信以立志故生義，義以達宜故生智，此五行相生之性也。仁過則柔義克之，義過則暴禮克之，禮過則煩智克之，智過則詐信克之，此五行相克之理也。相生以因之，相克以成之，斯變通之道與。

持寶以求市者，不欲人誇之。擇善以求友者，不欲人譽之。薄我貨者，欲與我市者也。訾我行者，欲與我友者也。是故君子因譽而情疎，因諍而友密。諂諛我者，害己之賊也。稱述我者，行路之人也。詆切我者，金石之至交也。見麋鹿者援弓而射之，幸而中焉，失聲而喜之。逢螻蟻者迂足而活之，誤而傷焉，失聲而痛之。心非仁於螻蟻，忍於麋鹿也，欲勝則爲忍，欲去則爲仁也。是故欲勝者父子可使相食，兄弟可使相賊；欲去者天地可以爲家，萬物可以爲一。

賢者吾敬之，不賢者吾亦敬之。善者吾親之，不善者吾亦親之。有賢不敬，是聾瞽也；有不賢不敬，是狎虎也；有善不親，是廢繩而揉曲也。有不善不親，是舍石而攻玉也。賢者吾敬之以爲法，不賢者吾敬之以爲戒。善者親之以治吾不善，不善者親之以成吾善。此君子之學也。仁者，人也。義者，宜也。禮者，體也。智者，至也。信者，信也。仁而不合乎人曰僞，義而不達其宜曰固，禮而不知其體曰忒，智而不止其至曰惑，信而不得其信曰蹇。宋襄公行仁而敗，非夫仁而能敗人也，僞也。徐偃王爲義而滅，非夫義而能滅人也，固也。魯哀公治禮而削，非夫禮而能削人也，忒也。萇洪以智困，非夫智而能困人也，惑也。尾生以信殞，非夫信而能殞人也，蹇也。相入者相賊，不相入者相息。膠漆之投，天下莫解焉，而同歸於物。冰炭之反，天下莫合焉，而各全其天。是故情壞於所溺，心壞於所雜，君子之性惡其有入也。忿者，仁之賊也。欲者，義之牆也。逸者，智之毒也。懼者，勇之仇也。是故多忿害物，多欲害己，多逸害性，多懼害志。

白並於五色而五色在白之中，甘並於五味而五味在甘之中，宮並於五聲而五聲在宮之中，仁並於五常而五常在仁之中。是故五色之變不勝其觀也，白立而五色形矣。五味之調不勝其嘗也，甘立而五味停矣。五聲之和不勝其聽也，宮立而五聲成矣。五常之道不勝其用也，仁立而五常具矣。

無失無得，是謂天則；不始不已，是謂天理；無醜無好，是謂天道；不亟不稽，是謂天時。暗其天道，滅其天理，悖其天時，以違天則，是之謂凶德。聖人遵天之道，由天之理，與天爲期，以循天則，是之謂天德。

至强非甲兵也，至貴非軒冕也，至富非金玉也，至壽非千歲也。克己自勝，强之至矣；清心養性，貴之至矣；安分止足，富之至矣。通晝夜之道，知死生之説，壽之至矣。

里之巫曰：「羞酌尋常，歌迎舞將。祈疾者健起，祈歲者豐穰。羊豕鮮肥，金樽玉巵。祈疾得亟，祈歲得饑。」人有難之者曰：「儉以嗇，寡欲而虚一必吉；侈而豐，欲多而實中必凶。」吁，巫之言其幾於道者乎。

不過勝母，所以立孝也；不入朝歌，所以立儉也；不飲盗泉，所以立廉也。名乖而無損於實，不得不懼；事非而無傷於德，不得不去。糟丘之荒，象箸之習也；炮烙之慘，熱升之積也；殉良之哀，偶人之弊也。是故防有者必立於無，救末者必立於初。

橘柚之朽，或爲蝴蝶。鞲蒼襘黑，其文美也。倚薄風露，其志潔也。篁端蕙隙，其處高也。須臾觸物而膠之，枯爲塵矣。天地，大橘柚也；人物，大羽化也；名位，大蕙篁也。榮而瘁者能幾須臾之頃哉？

鋤者日却，愈却而墾愈廣。織者日進，愈進而帛愈長。君子者爲道日損，若鋤之却則道得矣。爲德日益，若織之進則德積矣。爲道而不能損，是進而鋤也。爲德而不能益，是却而織也。

博愛之謂仁，不疑之謂信，無所不知之謂智。此不易之理也，君子行之，則不膠於迹矣。愛之，仁也；有所惡，亦仁也。信之，信也；有所疑，亦信也。知之，智也；有不知，亦智也。目明而不妄視，耳聰而不妄聽，心慧而不妄慮。此精神之舍也。精全而神全，神全則氣全。一夫而能奪三軍，非戈矛之利，精神勝之也。一賢而能折千里，非詐謀之用，精神制之也。是故精誠之至者，石可使之決，泉可使之躍，日可使之却。況於人乎？況於事倫乎？

愚者之道有四，庶人之愚不與焉。有達人之愚，有哲人之愚，有信人之愚，有直人之愚。顔子者，達人之愚者也。高柴者，信人之愚者也。寗武子者，哲人之愚者也。鼂錯者，直人之愚者也。

外視者蔽，内視者明。外聽者惑，内聽者聰。明莫明於日也，視之者昏。響莫響於雷也，聽之者聾。外視無，至明也；外聽無，至聰也。大人者還觀於無，反聽於虛。若水之清，明從内生；若穀之虛，響從内興，所以爲視聽之精。

窮里之社，有扣盆拊瓴和而歌者，自以爲樂矣。一旦使之擊建鼓，撞巨鐘，仍仍然知盆瓴之足羞也。穿鑿以爲深，雕琢以爲功，誦説以爲精，謂學之至也，君子視之，叩盆拊瓴之徒耳。是故不聞聖人之道，不知穿鑿之粗也。不觀聖人之文，不知雕琢之陋也。不得聖人之忘言，不知誦說之無益也。

江之蟹，初穴於沮洳，秋冬之交則大出，指海而趨焉，漁者緯蕭而留之，越軼而去，不達於江，不至於海，不止也。是故曲學者，沮洳也。大道者，江海也。厭沮洳而決江海，人之所同也。不塞於異端，不障於邪說，若蟹之勇，能越軼而至於海者，鮮矣。

芻言附録

四庫全書總目提要卷一百一七雜家類

《芻言》三卷

宋崔敦禮撰。敦禮家本河北，南渡後與弟敦詩同登紹興進士，官至諸王宫大小學教授。愛溧陽山水，買田築室居焉。是編凡分三卷，上卷言政，中卷言行，下卷言學。其造文皆規撫揚雄、王通，無語録鄙俚之習。然卷首以道德仁義分析差等，中又以諸經傳注爲蠹道之書，其旨頗雜於黄、老，未爲粹然儒者之言。至其間指切事理，於人情物態，抉摘隱微，多中款要，則亦不可盡廢者。雜家者流，《七略》著録，固不妨并存其説，備采擇焉。

劉咸炘舊書別録卷五

《芻言》

兩宋無子書，非無子書也，不成其爲子書也。自《權書》《衡論》《志林》以降，蘇氏之徒騁縱横之見以論事者，若張耒、李廌集中之策論亦多矣；自《通書》《正蒙》以降，程張之徒，語録亦多矣。策論也，語録也，皆非子書也。乃南宋之初有一人焉，其學不沿蘇，亦不沿程，乃黄老家也。其所著書，非策論亦非語録，乃真子書也。何人耶？曰：崔敦禮之《芻言》。《四庫提要》謂其旨雜於黄老，是也。乃道家之醇者也。謂其文皆規撫揚雄、王通，非也。乃《吕覽》之流也。今畧掇其短言於下，可以見之。其書凡三卷，上卷論政有曰：「聖人之道，不可課其功。」「方能治病，不能盡天下之病。遇病而不通于方，殺人矣。法能制變，不能盡天下之變，遇變而不通于法，亂天下矣。是故上醫無傳方，聖人無定法。」「天下無常治，無常時也。孰爲時？曰在國，其次在士，其次在民。」「君民之間，至密也，不誠則踈；至易也，不誠則迂。」「古之愛民也爲爲我，後之愛民者爲爲民。古之爲民也爲己憂，後之爲民者爲己德。」「思治民不可以不裕民，思裕民不可以不節民，思節民不可以不辨民，思辨民不可以不定民。」「亢節者不可爲民化也，極智者不可爲民修也。」「好至治者招大亂者也，務窮利者致大害者也。無亂而已，聖人不要其極也。無害而已，聖人不僥其功也。」中卷論行，下卷論學，實則相通，有曰：「仁人不欲爲仁，欲爲仁者不仁也。義士不欲爲義，欲爲義者不義也。」「智不欲有餘，愚不欲不足。」「振貧不已，至于盜粟。學禮不已，至于躋踞。是故君子之爲善，貴乎有止。聖人之道，猶平川坦途乎。」「途之里有限也，疲者賒焉，壯者邇焉。夜之刻有度也，愁者修焉，勞者短焉。心不同者不勝其異見也。」「載哀者聞歌聲而泣，載樂者聞哭聲而笑。歌非可哀也，哭非可樂也，載使之然也。」「鋤者日却，愈却而墾愈廣。織者愈進，愈進而帛愈長。爲道日損，其鋤之却。爲德日益，若織之進。」「愛之，仁也；有所惡，亦仁也。知之，智也；有不知，亦智也。」「外視無，至明也；外聽無，至聰也。還觀于無，反聽于虛。」若此諸言，皆意精而不泛，詞簡而不琢，自唐世末之多見也。其免於無心得之而强著書之譏矣。